城市道路交通组织精细化典型案例汇编

公安部交通管理科学研究所 组编

《城市道路交通组织精细化典型案例汇编》展示路口交通组织、路段交通组织、重点片区交通组织、信号优化、停车管理等交通管理实战案例,选取电动自行车"蓄水式"放行、快速路匝道交通组织优化、大型综合医院区域交通组织等实施效果明显的案例,从现状及问题分析、优化思路、优化措施、实施效果以及案例总结等方面对每一个精选案例进行深入剖析,以案例的形式体现优秀、科学的交通管理理念和方法,从而进一步促进交通管理精细化。

《城市道路交通组织精细化典型案例汇编》适合交通管理者、科研院所专家、咨询设计单位从业人员等阅读使用。

图书在版编目(CIP)数据

城市道路交通组织精细化典型案例汇编 / 公安部交通管理科学研究所组编;刘东波主编 . —北京:机械工业出版社,2020.4(2022.1重印)
ISBN 978-7-111-64853-6

Ⅰ . ①城… Ⅱ . ①公… ②刘… Ⅲ . ①城市道路 – 交通运输管理 – 案例 – 中国 Ⅳ . ① U491

中国版本图书馆 CIP 数据核字 (2020) 第 033964 号

机械工业出版社(北京市百万庄大街22号 邮政编码100037)
策划编辑:李 军 责任编辑:李 军 谢 元 刘 煊 王 婕
责任校对:炊小云 责任印制:常天培
北京铭成印刷有限公司印刷
2022年1月第 1 版第 2 次印刷
184mm×260mm・12.5 印张・1 插页・290 千字
标准书号:ISBN 978-7-111-64853-6
定价:88.00 元

电话服务	网络服务
客服电话:010-88361066	机 工 官 网:www.cmpbook.com
010-88379833	机 工 官 博:weibo.com/cmp1952
010-68326294	金 书 网:www.golden-book.com
封底无防伪标均为盗版	机工教育服务网:www.cmpedu.com

编 写 组

主　编　刘东波
副主编　顾金刚　陈宁宁
参　编　刘　洋　林　科　祖永昶　洪　波
　　　　王　波　修甜甜　王建强　李　娅
　　　　卢　健　钱　晨　华璟怡　付　强
　　　　胡建伟

特别鸣谢

天津市公安交通管理局

张家口市公安局交通警察支队

苏州市吴江区公安局交通警察大队

南通市公安局交通警察支队

杭州市公安局交通警察支队

宁波市公安局交通警察局

嘉兴市公安局交通警察支队

济南市公安局交通警察支队

聊城市公安局交通巡逻警察支队

武汉市公安局交通管理局

深圳市公安局交通警察局

广州市公安局交通警察支队增城大队

南宁市公安局交通警察支队

柳州市公安局交通警察支队

海口市公安局交通警察支队

重庆市公安局交通管理局

成都市公安局交通管理局

自贡市公安局交通警察支队

西安市公安局交通警察支队

感谢以上单位为本书汇编提供案例素材。

前 言 PREFACE

按照公安部、中央文明办、住房和城乡建设部、交通运输部联合开展的"城市道路交通文明畅通提升行动计划"的要求，各地公安交通管理部门坚持以人民为中心，针对道路交通堵点、乱点积极开展治理工作，通过实施科学、精细的交通优化措施，实现了道路通行安全和效率的双提升。为推广各地优秀经验，公安部交通管理科学研究所组织编写了《城市道路交通组织精细化典型案例汇编》（以下简称《案例汇编》），以典型案例的方式剖析和分享经验做法，希望能给各地公安交通管理部门治理城市道路交通问题、服务群众出行提供一些可以借鉴的思路。

编写组从路口交通组织、路段交通组织、重点片区交通组织、信号优化、停车管理等方面遴选了 25 个实施效果显著、具备一定普适性的典型案例，通过分析现状问题、凝练优化思路、介绍具体措施、对比实施效果等，深入总结案例的实施机理和经验做法，让读者充分了解案例的目标、思路和关键对策，能够获得一些启示，用于指导城市道路交通管理实战工作。

在案例的遴选、整理过程中，广东振业优控科技股份有限公司提供了大力支持，在此表示衷心的感谢！

《案例汇编》得到了国家重点研发计划项目《城市多模式交通系统协同控制关键技术与系统集成》（项目编号：2018YFB1601000）课题二《场景目标导向的交通组织与控制协同优化方法》的支持和资助，结合调研总结汇编形成典型交通场景案例指南。

由于《案例汇编》编写人员水平有限，书中难免有不足之处，恳请广大读者批评指正。

编写组

2020 年 5 月

目　录 CONTENTS

前言　　　　　　　　　　　　　　　　　　　　　　　　　　9

路口交通组织　　　　　　　　　　　　　　　　　　　　　13
交叉口转向交通的"借道"渠化设计　　　　　　　　　　15
交叉口掉头交通组织及配套优化　　　　　　　　　　　　21
环岛交通综合治理　　　　　　　　　　　　　　　　　　29
畸形交叉口交通组织　　　　　　　　　　　　　　　　　37
慢行交通"路口革命"　　　　　　　　　　　　　　　　49
电动自行车"蓄水式"放行　　　　　　　　　　　　　　57

路段交通组织　　　　　　　　　　　　　　　　　　　　　65
潮汐车道与可变车道组合应用　　　　　　　　　　　　　67
快速路匝道交通组织优化　　　　　　　　　　　　　　　73
多车道汇入交织区的交通组织设计　　　　　　　　　　　79

重点片区交通组织　　　　　　　　　　　　　　　　　　　85
大型综合医院区域交通组织　　　　　　　　　　　　　　87
"护学通道"破解中小学交通问题　　　　　　　　　　　93
老旧住宅小区"微循环工程"　　　　　　　　　　　　　99
旅游景区周边道路交通组织优化　　　　　　　　　　　105
景区预约通行管理　　　　　　　　　　　　　　　　　111
地铁施工区域交通组织　　　　　　　　　　　　　　　117

信号优化　　　　　　　　　　　　　　　　　　　　　　123
交叉口行人过街信号分段控制　　　　　　　　　　　　125
典型交叉口行人过街信号优化　　　　　　　　　　　　133
短距离交叉口绿波协调控制　　　　　　　　　　　　　143
短间距交叉口协同优化控制　　　　　　　　　　　　　149
五叉环岛信号控制优化　　　　　　　　　　　　　　　155
主干路信号协调控制优化　　　　　　　　　　　　　　163
区域交通信号动态优化　　　　　　　　　　　　　　　169

停车管理　　　　　　　　　　　　　　　　　　　　　　177
路边停车优化管理　　　　　　　　　　　　　　　　　179
热点片区停车管理　　　　　　　　　　　　　　　　　185
医院停车组织优化　　　　　　　　　　　　　　　　　191

后记　　　　　　　　　　　　　　　　　　　　　　　　199

路口交通组织

交叉口转向交通的"借道"渠化设计
交叉口掉头交通组织及配套优化
环岛交通综合治理
畸形交叉口交通组织
慢行交通"路口革命"
电动自行车"蓄水式"放行

交叉口转向交通的"借道"渠化设计

引言

近年来,基于我国城市道路及交通流分布的特点,一些新型的交叉口交通组织方式逐渐在各地创新实施,为我国道路交通管理工作增加了新的工具和手段,比较典型的有:"借道左转""移位左转""排阵式放行""左转+直行待行区"等。当常规交通组织手段无法有效破解交叉口交通问题时,新型交通组织方式在具备使用条件的特定交叉口能取得良好的效果。

本案例选择的山东省聊城市东昌路-柳园路交叉口,长期以来一直是城市的主要堵点。2017年聊城市公安局交通巡逻警察支队联合公安部交通管理科学研究所组成研究小组,共同开展交通组织优化研究,将"借道左转"在此路口合理运用,精细化设计交叉口渠化方案,并因地制宜实施右转机动车提前借非机动车道通行的模式,解决了困扰多年的交通问题,改善效果明显,是新型交通组织方式成功运用的典型案例。

本案例为各向流量汇聚、左转直行同时拥堵的大型路口实施新型交通组织方式提供了思路,同时介绍了"借道左转"交通组织、右转提前借非机动车道通行等措施组合运用的细节。

现状及问题分析

聊城市位于山东省西部,城区内集中了优质的商业网点、医疗教育资源、居民小区和众多办公场所,交通需求多元,交通聚集效应较为明显。由于河湖阻隔,断头路较多,支路里巷通达性较差,路网结构存在局限性,并且主要医院、学校等重要开口均位于几条关键主干路上,占路停车现象突出,早晚高峰期间总体交通压力较大,部分节点拥堵问题突出,易引发区域性连锁反应。

尤其是东昌路-柳园路交叉口,主要存在以下问题:

▶ 资源集中、路网限制

交叉口是东西向的东昌路与南北向的柳园路最重要的主干路交汇点,由于沿线集中了优质的商业网点、医疗教育资源、居民小区和众多办公场所,且路网结构存在局限导致支路少无法分流交通,早晚高峰交通压力大,交通供需矛盾突出。

图1 东昌路-柳园路交叉口地理位置

▶ 直行需求大、用地限制

东昌路-柳园路交叉口为老城区大型商业区路口,受到用地限制,交叉口直行车道数无法增加,高峰二次排队现象多,延误大,出行体验较差。

▶ 东昌路左转需求大

柳园路南北进口进入东昌路的左转车道都为2条,而东昌路的东西进口左转车道只有1条,且左转需求大,高峰期间排队长度长,延误较大。

➤ 慢行交通效率、安全不足

交叉口西南、东南、东北三个方向均为百货大楼，工作日非机动车流量非常大，周末行人过街流量大，与机动车冲突严重，过街安全性不足。

➤ 交叉口内部面积过大

交叉口内部面积过大，停车线靠后，冲突区域分散，车辆清空时间长，道路通行效率不高，行人过街时间长，行人斜穿马路影响秩序和安全。

图2　东昌路-柳园路交叉口改善前航拍图

优化思路

针对上述问题，主要改善设计思路如下：

➤ 压缩交叉口内部面积

通过改变进口道停车线位置、设置渠化岛等形式缩小交叉口内部面积，减少冲突点，减少机动车通过交叉口的时间，增强车辆的清空能力。小面积交叉口还能适当减小左转车辆转弯半径，提升安全性。

➤ 明确慢行交通的通行权

交叉口电动自行车、自行车、行人交通流混杂，流量大，需要明确非机动车及行人的通行权，规范其通行路径，避免行人斜穿马路造成秩序混乱和安全隐患。

➤ 创新左转车辆通行模式

在左转车道数无法增加的前提下，挖掘左转车辆通行能力需要考虑一些针对左转车辆的非常规的交叉口交通组织方式。

➤ 创新右转车辆通行模式

在常规的右转渠化岛模式下，路口的机非冲突依然比较明显，将路口的右转机动车机非冲突完全消除，需要创新右转机动车的路口通行模式。

设计方案

交叉口渠化设计方案如图3所示。

路口交通组织
交叉口转向交通的"借道"渠化设计

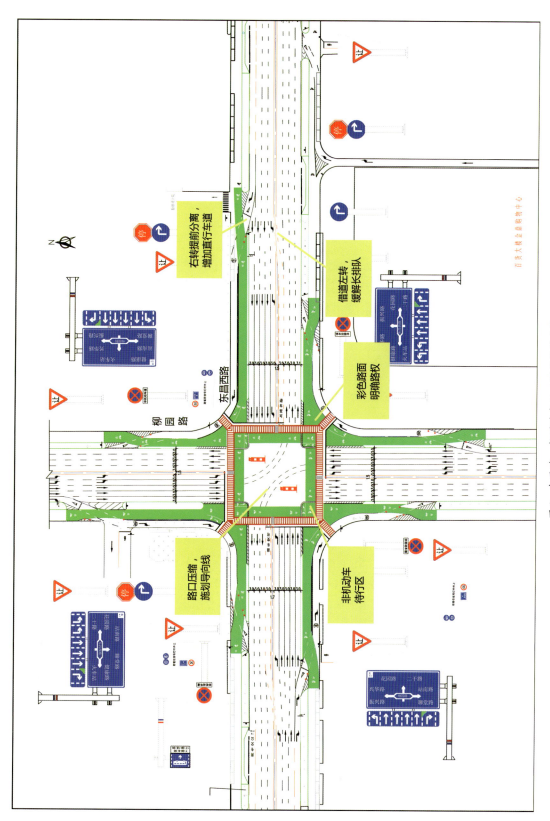

图3 东昌路—柳园路交叉口渠化设计方案

具体措施主要包括：

▶ 提前停车线、施划路口导向线

停车线提前压缩交叉口面积，合理设置左转路口导向线规范行车路径，压缩冲突区域，缩短了行人过街距离，减少机动车通过交叉口的时间。

▶ 施划彩色路面

明确非机动车和行人通行区域，设置渠化岛和安全岛，施划彩色路面。绿色为非机动车通行区域，红色为行人通行区域，各类交通各行其道，保障安全。

▶ 设置非机动车待行区

在交叉口内部设置非机动车待行区域，在上一相位放行时，直行非机动车可以提前进入待行区等待通行，符合聊城非机动车流量大的实际情况，提升慢行交通出行体验。

▶ 右转提前借非机动车道通行

切除部分机非绿化带，将右转机动车提前70m分离，在进口位置将右转车道设置在道路最外侧，右转车道与非机动车之间设置隔离护栏，右转车道到达出口位置时再跨越非机动车道汇入主路。

最大的好处是将机非冲突点远离交叉口，提升交叉口内非机动车放行时的安全性以及右转车辆的通行效率；同时，由于右转车道提前分离，相当于每个进口增加一条直行车道，这也缓解了交叉口直行车辆通行压力。

▶ 组织机动车"借道左转"

在交叉口的东西进口采用"借道左转"交通组织，在进口渐变段打开20m的中央护栏供左转车辆借道使用，调整放行顺序为先左转后直行。

具体放行规则为：

1）放行南北向左转车流时，东西进口直行车辆与左转车辆均在停车线后排队等待，车辆不允许借道。

2）放行南北向直行车流时，东西进口左转车辆可以通过中央护栏进入对向出口道。

3）当借道左转的头车到达停车线时，东西进口左转开始放行，左转车道与潮汐车道的车辆同时左转。

4）在东西进口左转放行结束之前，借道处的信号灯提前启亮红灯，清空车道内的左转车辆，东西直行开始放行，左转车辆仅允许进入原左转专用道排队等候。

配合交通管理设施的使用：清除部分可跨越同向车行道分界线、出口道直行箭头标识等交通标线，施划借道左转引导标线、停车线等交通标线，设置借道左转指示标志和预信号灯。

东西进口在不减少直行车道的情况下各增加一条左转车道，实现道路空间和时间资源的动态调配，缓解左转车辆排队过长的问题，提高交叉口通行能力。

实施效果

经过实施前后对比，交叉口左转放行效率提高了约50%。高峰期间，机动车通过交叉口由实施前的平均两个半周期变为实施后的平均一个周期，路口通行效率提高25%，被山东省交警总队定为了全省城市交通示范路口。

图4 东昌路－柳园路交叉口改善后航拍图

图5 交叉口内部彩色路面
（绿色为非机动车通行区域，红色为行人通行区域，提升秩序和安全）

a）提前右转提示标志及起点位置　　　　　　　　b）提前右转在进口道的处理

图6 右转提前借非机动车道通行
（将右转专用道设置在道路最外侧，机非冲突点远离交叉口内部，提升效率和安全）

a）借道左转起点处预信号灯及显示屏设置　　　　b）借道左转运行实况

图7 交叉口借道左转交通组织（左转车道"一变二"，大幅提升通行效率）

推广应用

随着东昌路-柳园路交叉口交通组织方案的落地，优化设计经验迅速被应用于城区其他主要大型路口，路口通行效率提升都较为明显。

图8 柳园路-兴华路交叉口　　　　　　图9 柳园路-湖南路交叉口

图 10　东昌路－昌润路交叉口

案例总结

东昌路－柳园路交叉口是聊城市两条主干路的交汇点，交通集聚效应明显，左转车辆二次排队现象频繁、延误大，右转车辆受非机动车和行人影响通行效率低，同时造成慢行交通通行秩序较差且存在安全隐患。研究小组结合城市道路及交通流实际情况，充分挖掘时空通行资源，因地制宜地推行"借道左转"交通组织以及右转机动车提前借非机动车道通行的模式，压缩交叉口面积并施划彩色路面明确路权，不仅提升了路口的整体通行效率，慢行交通通行秩序和安全也得到很大改善和提升。

实施交叉口转向交通的"借道"等新型交通组织方式应重点考虑以下方面：

1）明确适用条件。新型交通组织一般来说投资相对较高、控制方式较复杂、有一定的交通管理难度，且在缺乏完备的引导设施及相对规范的驾驶认知与操作前提下，由其本身的低容错性所带来的交通秩序问题不容忽视，同时执法手段的不完善也将导致违法行为的高发从而无法达到预期的效果，故明确其适用条件才能在特定情况下发挥其"功效"。例如"借道左转"交通组织主要适用于一个或多个进口方向左转车辆排队过长、通行效率低下的信号控制平面交叉口，且交叉口需同时满足以下条件：上游路段车道数须双向六车道及以上，借道左转所在进口方向的出口道数一般不小于3条，交叉口内部空间足以满足借道左转车辆转弯半径要求，借道左转的方向应有专用的左转相位。

2）运用科学合理。运用新型交通组织措施时，应设置规范、简明、清晰的车辆通行诱导标志标线，在兼顾车辆的有效清空和降低绿灯损失时间的前提下，调整信号控制相位相序、协调联动控制主预信号灯。例如"借道左转"状态下的预信号早闭时长应取一个安全的合理值，因为此参数关乎交通安全问题，一旦借道左转的车辆未能在左转绿灯时间内全部放行完毕，则会滞留在出口车道内，与其他相位的通行车辆产生冲突，导致严重后果。

3）加强宣传引导。"借道左转"通行方式不同于传统的交叉口左转交通组织模式，应提前向交通参与者广泛宣传，实施初期应有民警或协管人员在现场进行引导和维持秩序，帮助交通参与者尽快适应新的通行方式。

交叉口掉头交通组织及配套优化

引言

随着城市机动化进程的加速，快速增长的交通需求使交叉口掉头流量增加，掉头车辆交通组织方式不合理会加剧交叉口的交通拥堵，专用掉头车道是为满足交叉口掉头需求设置的专用车道，其科学的设计方法已成为解决交叉口掉头问题的重要手段。

本案例选择自贡市城市核心区交叉口，主要针对某方向掉头流量大而进口未设置专用掉头车道，车辆在进口上游受限于车道宽度无法一次完成掉头，造成车流断流，人车冲突，通行效率下降等问题，通过合理设置专用掉头车道及专用掉头相位，解决了交叉口拥堵的主要矛盾。

本案例主要为交叉口掉头车辆的合理组织提供借鉴和参考。

现状及问题分析

檀木林街－中华路位于自贡市自流井区，北邻体育场路，南接交通路，西邻新民街自由路，东靠仁和路，是自贡市自流井城区的重要交通干道。檀木林街－中华路（建委路口）南北向采用中央护栏隔离，双向六车道，西进口中华路路段为单向通行，东进口塘坎上路路段为分时单向通行。道路两侧无停车位，道路东西两侧设有行人地下通道，路口由南至北方向路段有一定的坡度。

图1 檀木林街－中华路（建委路口）地理位置

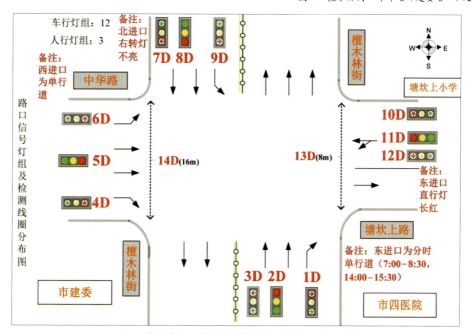

图2 檀木林街－中华路（建委路口）交叉口相位信息图

交叉口现状配时如图3所示,早高峰相序为A-B-C-D,周期为136s;晚高峰相序为A-E-F-D,周期为132s。

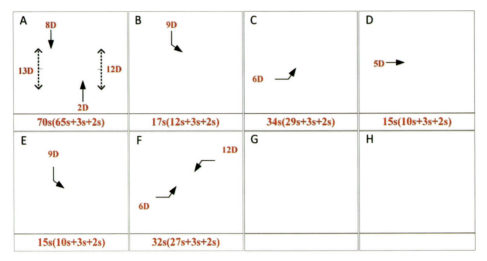

图3 檀木林街－中华路（建委路口）交叉口现状相位方案图

早晚高峰流量流向如图4所示,檀木林街双向直行车流量较大,高峰小时流量可达千辆,而中华路口左转进入檀木林街的车辆也较多,车流容易汇集在交叉口,造成较大的通行压力。

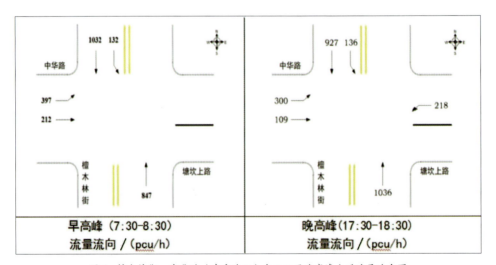

图4 檀木林街－中华路（建委路口）交叉口早晚高峰小时流量流向图

早高峰时段主要问题

1）檀木林街双向直行的车流量较大,市四医院门前停靠车辆对经过的直行车辆造成干扰,南侧的计委路口掉头及左转车辆多,造成上游断流、建委路口绿灯空放现象,降低了通行效率。

2）非机动车与行人在交叉口下游（北往南为下行方向）护栏开口处过街,车辆转弯半径不足（仅为6.1m）无法一次完成掉头,存在较大的安全隐患。

3）交叉口东进口塘坎上路路段在分时单向通行结束时间节点由于恢复双向通行，对向车辆之间冲突明显，且路段上的塘坎上小学进出学校停车场的车辆与路段上通行的车辆形成冲突。

4）塘坎上路路口处仅8m的有效行人过街距离设置了1min以上的通行时间，效率低。

图5　下游市四医院路段车辆排队

图6　塘坎上路恢复双向通行车辆冲突

图7　塘坎上小学停车场出入车辆冲突

图8　塘坎上路行人过街与车辆冲突

图9　计委路口非机动车随意穿插

图10　计委路口车辆不能一次掉头

晚高峰时段主要问题

1）檀木林街南向北车辆数较早高峰时段更多，交叉口北出口道处设有公交车站，在公交车数停靠较多的情况下，会对正常通行的社会车辆造成阻塞和滞留，甚至对下个相位的通行车辆造成影响。

2）交叉口西进口左转进入檀木林街的通行需求较大，而左转只设有一条专用车道，存在二次排队现象。

图11 交叉口北出口公交车造成阻塞

图12 交叉口西进口左转车辆排队严重

其他问题

檀木林街下游的东兴寺街经水涯居大桥左转汇入檀木林街方向的车流量在高峰时段可达每小时1968辆，造成檀木林街上行交通较大的通行压力。

图13 水涯居大桥左转车辆较多

图14 水涯居大桥左转进入檀木林街拥堵

优化思路

针对檀木林街－中华路交叉口存在的交通组织问题，确立了如下优化思路：

➤ **寸土必争**

合理组织车辆掉头。压缩南进口车道宽度，增加掉头车道并右置，封闭下游左转功能。

▶ **分秒必抢**

精细化配时方案。重新设计配时方案,东西两侧行人分开放行,及时清空车流减少冲突;适当延后交叉口东进口恢复双向通行的时间点。

▶ **截流减少需求**

合理分配路网交通流量。檀木林街下游采取适当的截流措施,减缓车辆进入关键交叉口。

▶ **加强宣传**

"双微"共建。通过微信、微博等方式告知驾驶人新的车辆掉头方式。

优化措施

根据优化思路,对路口进行时空一体化设计,主要措施如下。

▶ **压缩车道宽度,调整车道功能,封闭下游左转功能**

首先为了在南进口增设一条专用的掉头车道,需要对进口车道宽度进行压缩,压缩后为2.9m,基本能满足需求;其次,南出口宽度不足9m,如果将掉头车道设置于最左侧,车辆一次完成掉头有难度,所以考虑将掉头车道右置并配备专用信号相位,即南进口车道功能由"直行、直行、右转"调整为"直行、直行、掉头、右转",引导车辆在交叉口次右车道掉头,掉头半径约为12m能满足需求,在地面施划白色掉头导向线,路侧增设掉头标志;同时封闭下游左转掉头开口,减少冲突点。

图15 建委路口南进口掉头车道以及掉头路线示意图

图16 下游计委路口T型口封闭左转掉头功能

▶ **重新设计配时方案,东西两侧行人分开放行,增加掉头相位**

在保持周期不变的情况下,将东西两侧行人过街分开放行,东侧行人迟启动15s,清空交叉口内的未消散车流。并增加掉头信号灯控制方案,具体方案如图17所示(早高峰相序为A-B-C-D-E,周期为130s;晚高峰相序为A-B-F-G-E,周期为132s)。

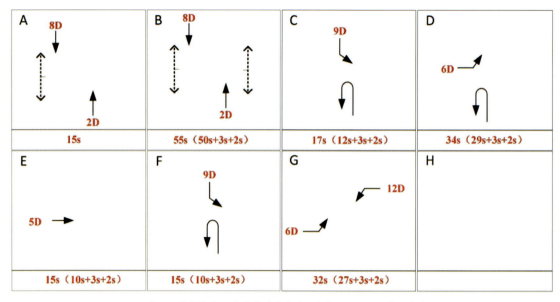

图 17 檀木林街－中华路（建委路口）交叉口优化后相位方案图

> **调整单行时间**

将东进口单向通行时段从 7:00-8:30 延长为 7:00-9:00，保证早高峰车辆完全从路段消散后恢复塘坎上路双向通行。

> **优化路网交通组织，下游截流**

将下游东兴寺街经水涯居大桥左转车辆实行高峰时段限流方案。一是减少路口左转相位的绿信比；二是现场部署警力，实时根据现场流量情况对左转车辆进行手动截流。

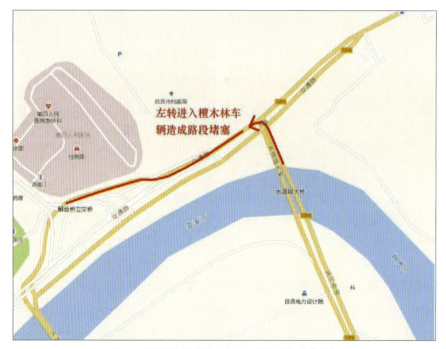

图 18 水涯居大桥左转车辆进入檀木林街造成堵塞

▶ 加强宣传

在进行优化设计的同时，制作交通组织改变示意动画，在正式实施前期在微信、微博上进行宣传，以简单易懂、接受度高的方式对驾驶人进行引导。

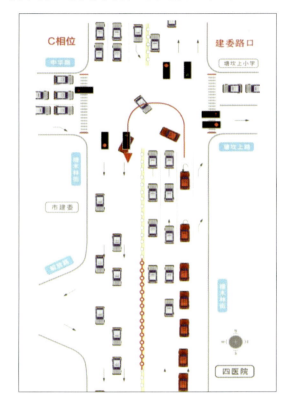

图 19　宣传动画截图

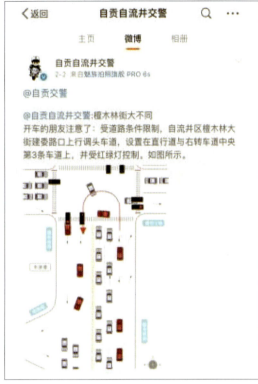

图 20　辖区大队微博宣传

▶ 辅助措施，完善相应配套交通设施

由于塘坎上路、中华路为单行，因此在檀木林街上行方向增设禁止左转标志，在下行方向增加禁止右转标志。

设置檀木林街上行方向次右掉头车道后，为起到预告并引导驾驶人在次右车道进行掉头，需在地面提前施划一组车道导向箭头，并提前增设掉头指示标志，路口处增设分车道指示标志。

图 21　檀木林上行方向路口处分车道标志示意图

实施效果

交通优化方案实施后，有效地解决了计委路口掉头半径不足引起的堵塞，消除了掉头车辆对檀木林街下行车辆的横向干扰和冲突点，提高了路段的通行能力，对水涯居大桥路口合理控流，分担了檀木林街通行压力，提高了整个路网的通行效率。

经过调研对比，路口高峰持续时间缩短了30min；最大排队长度由原来的200m减少至80m，路口通行能力提高了10%。

图22 优化后路口航拍图

案例总结

自贡市檀木林街-中华路交叉口位于城市核心区，周边有医院、学校等交通吸引源，拥堵的主要矛盾是掉头车辆无法一次完成掉头造成主方向车流干扰，同时还有一些次要矛盾，例如人车冲突、出口阻塞、上下游交通不顺畅等，早晚高峰交通拥堵问题严重。自贡市公安局交通警察支队通过封闭上游路段开口，引导车辆利用交叉口内右置的专用掉头车道完成掉头，科学设计信号配时方案保证掉头车辆的需求以及人车冲突的缓解，辅以简单易懂的宣传手段对非常规布置的掉头车道进行演示，针对流量过饱和问题对交叉口下游进行截流，实现"缓进快出"控制策略。优化措施实施后，路口高峰持续时间明显缩短，进口道最大排队长度大幅减少，路口通行能力提高，有效缓解了周边路网的交通压力。

交叉口掉头车辆的交通组织形式应根据掉头车流量及道路条件合理选择：

1）越过停止线掉头。当有左转相位且掉头车辆与行人冲突较少时，可组织车辆在交叉口内部掉头，掉头车辆与左转车辆共用左转车道，也可设置单独的掉头专用车道，一般中央分隔设施较窄或通过划线隔离方式的交叉口推荐采用这种模式。

2）交叉口上游设置掉头开口。当道路中央设置有物理隔离带且宽度满足转弯半径要求时，可在交叉口上游距离停止线一定距离处设置掉头开口。为减少左转排队对掉头车辆的影响，提高掉头开口的利用率，建议掉头开口与停止线的距离应不少于50m，不推荐在禁止变换车道区内设置掉头开口，这种情况下掉头车辆不受交叉口信号控制，为保障安全，宜在掉头处设置掉头指示和减速让行标志。当掉头需求较大时，为确保掉头车辆不与对向车道的交通流产生冲突，应辅以专用掉头信号灯。

3）掉头车道外置。中央分隔设施较窄或未设置分隔带、大车掉头的交通流量较大、车辆掉头转弯半径不足或掉头交通流主要来源于靠近进口道右侧时，可将掉头车道设置在进口道右侧。此时，应配套设置分车道行驶方向标志，明确告知驾驶人车道分布情况。

环岛交通综合治理

引言

环形交叉口适用于多路交叉、畸形路口、小流量或相交道路流量不均衡的非信号灯控制交叉口，同时交叉口内的环岛可美化城市道路环境，在我国城市发展早期、机动车辆较少的情况下，建设应用较多。但随着城市建设规模不断扩大，机动化出行水平不断提高，环形交叉口占地面积大、通行能力有限、安装使用信号灯控制困难等弱点逐渐显现出来，将环形交叉口改造为十字交叉口的需求越来越大。

西安市曲江环岛为大型六路环形交叉口，随着机动车流量的不断增大，进出环岛的车流冲突严重、交通拥堵日益加剧，并影响了周边区域路网的通行效率。西安市公安局交通警察支队在拆除环岛、改建十字交叉口的基础上，多措并举，综合施策，优化交通组织管理，有效改善了路口交通拥堵状况。本案例可为城市道路环形交叉口拥堵治理提供借鉴。

现状及问题分析

南三环曲江大道环形交叉口（以下简称曲江环岛）位于西安市曲江新区，环岛南接西安绕城高速曲江收费站及三兆路、北接城市快速路曲江大道、东接城市主干道南三环路北辅道、西接曲江北路与南三环南辅道，南三环东西向主线跨线桥从环岛上方跨过，为大型六路交叉环岛。环岛内设机动车道6条，环岛进口车道26条、出口车道17条，环岛直径约150m，为西安市最大的环形交叉路口。环岛相交道路均为城市重要干道，且上游各方向干道并无分流和信号灯控制路口，六条道路交通流可快速抵达环岛进行交通转换，近年来随着各路口交通流量的不断增加，路口拥堵越发严重，已成为制约区域路网通行效率的交通堵点。

图1 曲江环岛区域位置

主要问题

▶ 多条干路交汇节点，周边路网不完善，流量超负荷

曲江环岛作为城南区域重要交通节点，六条城市主干路车流均可快速汇集于环岛进行交通转换，形成"六进五出"的交通格局，且周边路网不完善，例如平行南北向道路雁翔路、芙蓉西路分流效果不佳，东西向南三环路周边区域经济快速发展但缺少分流道路，都进一步增加了环岛通行压力。

据监测，早晚高峰进口车道每小时最大车流量已达8940辆，环岛已呈现超负荷状态，远超规划每小时交通流量2700辆，通行能力不足，导致早晚高峰时段各进口排队长度较长，拥堵现象较为严重。

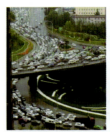

图2　曲江环岛流量超负荷

▶ 各方向流量存在时段性不均衡

南口绕城高速出口遇节假日高速免费期间，大量车流驶出，短期内出现严重拥堵情况；西口曲江池北路每逢曲江新区大型活动举办交通流量快速增加，造成西口交通压力极大，交通流量不均衡加重环岛交通治理难度。

图3　大型活动期间部分方向交通流量激增

▶ 环岛空间资源浪费，车辆交织冲突严重

曲江环岛交通转换枢纽作用及其重要，但受环形车道交织段影响，进入环岛直行车辆与左转车辆在环道内合流、分流、交织行驶，交通冲突点多，安全隐患大，通行效率不高；同时环岛占地面积过大，道路资源未得到充分利用，通行能力有限。

图4　车辆在环岛内交织行驶影响通行效率

▶ 慢行交通通行不畅，安全隐患较为突出

因环岛占地面积较大，非机动车及行人过街距离较长，慢行系统通行舒适度低，出行意愿不高；同时非机动车、行人通行路权保障不足，缺乏约束设施，右转机动车通行与非机动车、行人过街冲突严重，安全隐患突出。

优化思路

▶ 拆"环岛"变"十字"，道路空间转换整合

随着周边道路车流量的不断增加，特别是北口曲江大道－西延路高架快速路的通车放行，环岛交通压力必将进一步增大，亟需工程措施为道路扩容增量。故考虑拆除曲江环岛绿化中心岛，

释放环岛占用的大量道路资源，增加整个节点的蓄车空间，并对原有环岛内车道及相交六个路口进行交通工程整合设计，通过路口合并、转换变为十字路口，利用道路空间最大限度增设路口进口车道，扩宽下游出口车道，全力提升十字路口通行能力。

▶ 构建周边交通节点，减小曲江十字压力

针对多条干路汇集、流量高度集中且呈现时段性不均衡的特性，可利用周边各相交道路构建辅助交通节点，形成"一个路口、多个节点"的交通组织模式，在满足行人过街需求的同时进一步提供车辆转向及掉头需求，加快车辆疏散，分流曲江十字交通压力。

▶ 多口协调信号管控，以时间换通行空间

优先保障曲江十字通行效率，精细化划分控制时段，优化信号相位相序；在多个交通节点采取信号灯协调控制，确保通行效率最大化。

▶ 完善交通基础设施，确保合理有效引导

整合和优化路口及周边交通设施，通过施划交通标线、增加隔离护栏、安装左转辅助灯、整合现有交通标志、增加远端引导、大型分道交通标志等措施强化交通引导，明晰道路通行"语言"。

▶ 慢行交通及公交完善

统筹考虑慢行交通系统路权保障及建设问题，以时间换空间，确保行人、非机动车通行安全、顺畅；完善公交系统，引导绿色出行。

优化措施

1. 对环岛进行工程改造变为平交十字路口

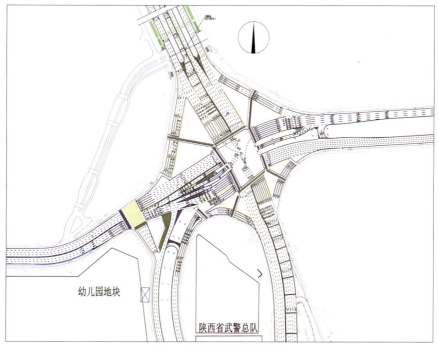

图 5　曲江十字渠化设计方案

▶ 拆除绿化中心岛并整合进口方向

整合原有环岛道路资源，通过工程改造对环岛原有进出口进行合并，由原有"六进五出"组织，变为"四进四出"平交十字交叉口模式：将三兆路变为单行道，并与绕城高速出入口合并，设置为南进口；将曲江池北路与南三环西辅道车道进行整合并分隔，设置为西进口；将曲江大道主道与辅道分隔设置为北进口；将南三环东辅道设置为东进口。

图6 拆除环岛中心圈改为行车道

▶ 设置右转渠化岛

利用原环岛四个角道路空间构筑标线交通岛（后期将改造为实体交通岛），明晰车辆通行路权，设置专用右转车道，布设行人过街人行横道。

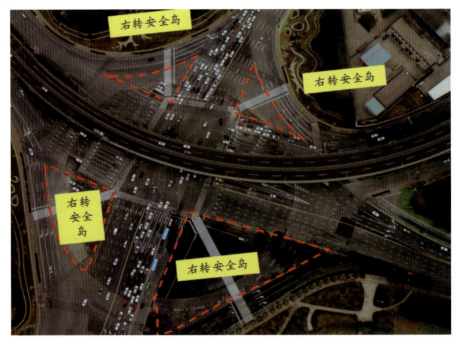

图7 右转安全岛设置效果

▶ 挖掘道路资源最大化进口车道数

利用环岛原有道路空间及南三环跨线桥下道路资源开辟车道，共设置车道83条，其中进口车道53条，提高路口通行承载力。

图8 利用桥下空间开辟左转车道

> **拓宽道路最大化出口车道数**

提升下游道路疏散功能，对绕城高速出入口、曲江池北路、曲江大道、南三环西辅道出口进行扩宽改造，畅通路口出口车道设置，保障车流快速发散驶出，提升通行效能。

> **根据流量与流向需求合理分配车道**

按照上下游车道设置相匹配原则，统筹考虑各流向车流量特点，合理分配车道：交叉口东西方向主要解决转向交通需求（直行主要通过南三环跨线桥解决）；南北方向优先考虑直行交通需求。

2. 打造周边交通节点，缓解曲江十字压力，满足行人过街需求

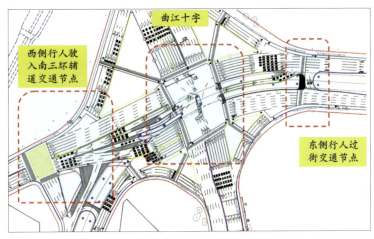

图9 "一个路口、两个节点"示意图

为了盘活路口周边道路资源，进一步方便行人过街，在曲江十字东侧及西侧分别打造交通节点，形成"一个路口、两个节点"的交通组织模式：

考虑到曲江十字东侧行人过街需求较大，在东口向东50m处利用高架桥下掉头通道设置人行横道，并采用信号灯进行控制。

西口利用南三环西辅道出口、曲江池北路、曲江大道方向右转出口车道，设置为一个小型丁字路口，并布设人行横道，解决较大的行人过街需求同时便于曲江大道由北向南快速驶入南三环辅道，分流曲江十字交通压力。

图10 东侧交通节点

图11 西侧交通节点

3. 多路口信号灯协调控制，优化信号相位相序

➤ 节点相位相序优化

曲江十字力求通行效率最大化，两处节点一是满足行人过街需求，二是满足曲江大道驶入南三环西辅道通行需求。

➤ 路口协调控制

对曲江十字，东侧、西侧两处节点处交通信号灯实行协调控制；以曲江十字为主，两处节点为辅，高峰减少排队长度，平峰减少停车次数并提高通行效率。

➤ 多时段方案

根据交通流量的变化，设置多时段放行模式，优先确保南北向通行效率最大化，通行效果良好。

图12 时段划分及相位相序示意图

4. 完善路口及周边道路交通设施，明晰"交通语言"

➤ 大型分车道指示标志

曲江十字部分进口由于车道数量较多，且主道与辅道并存，进口车道非常规布置，例如北进口主道为"3左转、2直行"，辅道为"1左转、3直行"，需要增设大型分车道指示标志来明确每个车道的功能，强化对驾驶人的引导。

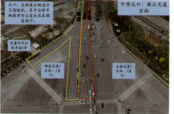

图13 北进口车道布置及大型分车道指示标志的设置

➤ 多级指路标志、预告导向箭头及地面文字标记

由于六叉环岛改造为十字交叉口，通行方向进行了较大的整合，不利于驾驶人选择正确的通行方向，为了减少驾驶人驶入错误车道、实线变道等现象，设置多级指路标志、预告导向箭头及地面文字标记。

图14 地面文字标记及多级指路标志的设置

➤ 辅助信号灯

当左转待行车辆进入左弯待转区时,由于视距问题观察不到主信号灯,故需要在高架桥墩上安装左转辅助灯,保证左转车辆的安全行驶。

图 15　安装左转辅助灯

5. 完善慢行系统及公交建设

➤ 行人交通系统完善

利用标线安全岛设置行人过街斑马线,安装行人自助请求式信号灯,并针对过街需求较大的北口建设行人过街天桥等措施,完善了曲江十字的行人过街设计。

➤ 非机动车交通系统完善

通过施划"自行车地标 + 导向箭头"、铺装彩色路面等措施,打造舒适的非机动车出行环境。

➤ 公交系统完善

优化现有公交站点设置,将曲江十字周边公交车站前移至右转安全岛处并打造公交港湾,实现公交车辆有序停靠;开通定制公交、微循环公交,引导群众出行方式向绿色交通、低碳交通转变。

图 16　慢行系统及公交建设

实施效果

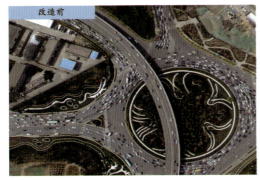 

图 17　环岛改造前后通行情况对比

➤ 通行能力极大提升

环岛改为十字交叉口后，提高了交通节点空间利用率，利用原有环岛道路资源增设了车道，提高了路口的通行承载力，便于车流快速通过和疏散，节点通行能力得到极大的提升。

➤ 交通拥堵显著缓解

根据西安交警大数据路况平台的道路通行数据分析，各方向平均拥堵指数及行车速度均有较大的改善。其中拥堵指数下降最明显的为西北口曲江池北路口，平均拥堵指数下降1.7；行车速度提高最明显的为东口南三环北辅道口，行车速度提高44.9%。

➤ 道路通行更加安全

环岛的改造及合理的信号灯控制，减少了原环岛内机动车车流的交织冲突，也减少了非机动车及行人与机动车的冲突，保证各行其道，使各方交通参与者通行更加安全。

案例总结

本案例介绍了西安市曲江环岛拥堵治理经验。通过拆除环岛改建为十字交叉口、转换整合道路空间、充分利用周边交通节点疏散压力、做好信号协调控制提高通行效率、完善基础设施强化交通引导、提升慢行交通及公交出行体验等措施，对超负荷交通流情况下的环形交叉口进行了工程改造及交通组织优化。改造后曲江十字交叉口的通行能力相比之前大幅提升，交通拥堵得到了明显改善，通行安全也进一步提高。

环形交叉口交通拥堵治理工作是国内众多城市交通管理的重点和难点，尤其是地理位置重要的超大流量多路交岔环岛对周边道路节点及路网交通有较大的影响，当常规交通组织手段无法有效缓解拥堵时，可将环形交叉口进行工程改造。曲江环岛的成功改造是综合运用交通规划调流理念、交通组织优化手段、信号控制协调策略的经典案例。

环形交叉口的工程改造及交通组织应重点考虑以下方面：

1）工程改造应考虑尽量简化交叉口。通过设置单行路等方式将部分次要流向合并，减少交通流的交织，尽量改造为正规平交十字路口，环岛大量的空间资源可以通过设置标线渠化岛的形式明晰车辆通行权。

2）需要注意与周边路口的协调设计。因为改造前大量车流拥挤在环岛内部，改造后车辆将被阻挡在停车线之后，可能对上下游交通造成干扰，主要从周边区域交通节点的构建入手，提前疏散部分流向车流，解决好行人过街需求，考虑多路口信号协调控制，保证主要流向通行顺畅。

3）完善交通设施。通过设置分车道指示标志、多级指路标志、预告导向箭头及地面文字标记等加强对驾驶人的引导，将改造初期错误驾驶的可能性降到最低。

4）重视慢行交通系统建设。传统环形交叉口非机动车及行人过街距离长、冲突严重、路权不明晰。改造后，应充分考虑人行横道设置位置及行人信号的合理性，针对较大人流量的进口可以增加设置人行天桥，并设计连续舒适的非机动车通道。

畸形交叉口交通组织

引言

畸形交叉口是指大于四路交叉的多路交叉口或非正规十字或T型交叉口，多因受地形、建筑等因素影响而产生，其特点是交叉口内冲突点多、交通流向不清晰、行人非机动车通行不畅、安装并使用信号灯控制困难，是交通组织管理的一大难点，也容易成为路网中的交通堵点和事故黑点。

案例选择的天津市城区两个畸形交叉口，具有较强的代表性。案例一是临近商业区的过饱和无信号控制六岔路口，通过畸形交叉口的工程改造、禁止部分流向通行并提前引导绕行、精细化渠化设计、增设信号灯控、协调周边信号联控等方法优化交通组织，取得显著成效；案例二是周边交通吸引源多、流量大、信号相位多的五岔路口，通过采用流向简化、出口引导、缩减信号相位等方法，提升通行效率及安全。

本案例从交叉口工程改造、交通渠化、交通控制及组织管理四个方面为城市道路畸形交叉口交通组织优化提供了借鉴思路。

【案例一】南京路－新华路六岔路口

现状及问题分析

南京路是天津市和平区内环线极其重要的主干路之一，承担了最主要的中心城区75%以上的交通流转换功能，但受老城区历史路网布局影响，沿线多路畸形交叉口较多，治理起来非常困难。

南京路－新华路交叉口周边分布有天津市著名的五大道商业区、滨江道商业街、小白楼商业区等人口密度极高的地区，周边象限内还有天津国际大厦、天津画院、抗震纪念碑等众多交通发生与吸引点，再加上南京路过境交通的影响，导致此交叉口及沿线交叉口的通行能力都基本接近于过饱和状态。

图1 南京路－新华路交叉口位置图

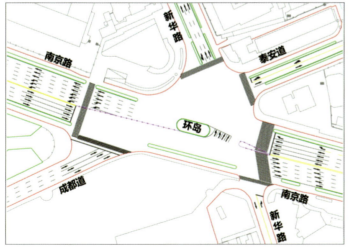

图2 优化前交叉口渠化设计示意图

南京路－新华路交叉口为六路相交畸形无信号控制交叉口，优化前晚高峰期间交叉口交通流量为11603pcu/h。

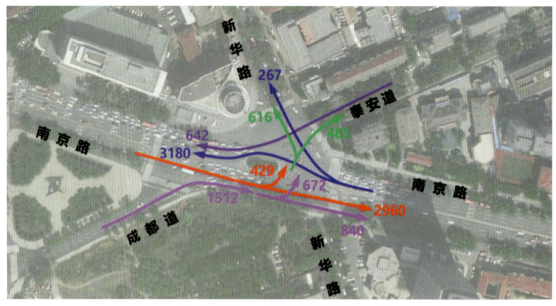

图 3 优化前交叉口某高峰期间交通流量 OD 图

主要问题

▶ 冲突点多

交叉口为无信号灯控制方式,各方向车流行驶路权不明确,高峰期间一般有 6~8 名交通管理人员采取警力放行的方式来控制车辆的进出,但交叉口内部的直接冲突点仍较多。

▶ 延误大

按照《天津市交通影响评价技术规程》中无信号交叉口评价方法,此交叉口服务水平为三级,平均延误时间为 112s。

▶ 行人过街安全隐患

交叉口地面标线渠化不好,面积过大,导致车辆在交叉口内行驶轨迹随意,行人过街距离过远,在交叉口内部逗留无安全区域,人机(行人与机动车)冲突、机非(机动车与非机动车)冲突均比较严重。

▶ 车流交织严重

南京路西进口道的左转车辆与成都道的左转车辆均需通过环岛处的左弯待转区来完成,导致在南京路西进口与待转区间的路段空间内存在着大量的南京路直行车辆、成都道右转车辆以及成都道向内侧并入的左转车辆合流、交织冲突。

▶ 环岛设置存在问题

现状交叉口环岛的设置,让南京路西出口道进入空间不足,导致车辆在此溢出,阻塞交叉口。此外,在此进口道掉头车辆约占左转车辆的 19.6%,常规无环岛通过渠化亦能满足掉头功能,通过标线、护栏完全能更好地实现环岛的功能。

▶ 远期交通需求无法满足

交叉口的交通组织形式与信号控制方式远远无法满足远期的 13000pcu/h(增长系数法对交叉口在 2020 年的交通流量预测结果)的交通流量需求。

优化思路

天津交警从路网结构、交通渠化、交通控制及交通管理四个层面制订优化思路。

图4 南京路－新华路交叉口优化思路示意图

优化措施

▶ 拆除现状交叉口环岛，精细化渠化设计

拆除现状交叉口环岛，将泰安道与成都道对正，与南京路东西向形成正式四路交叉口，再接入南北新华路；交叉口渠化方案精细化设计：施划路口导向线、理顺行车路径、规范各方向交通流的转向行为、明确通行空间和提高交叉口通行效率。

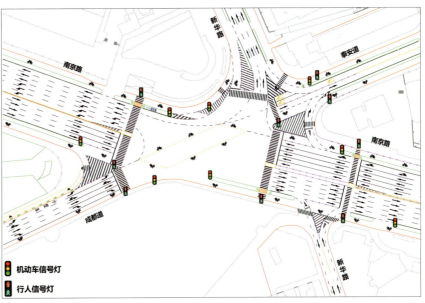

图5 交叉口渠化设计方案

➤ 简化交通流向，优化交通组织方案

1）畸形路口禁左，提前引导绕行。方案在保证拆除环岛前交叉口主流向交通组织方式不变、进入与驶出各路段单双行方式不调整的前提下，将原在环岛处南京路西进口驶出的左转车辆及掉头车辆禁行，通过引导至上游的南京路－山西路、南京路－河北路以及下游南京路－湖北路等交叉口完成南京路西向东左转功能替代。

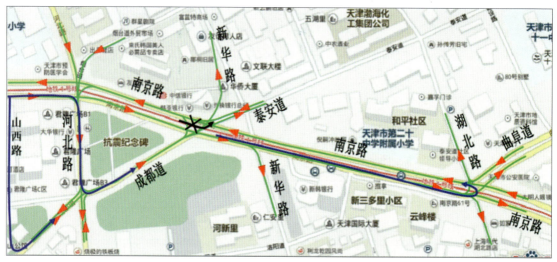

图 6　南京路西进口禁左后绕行方案示意图

2）禁限措施对周边道路车流进行引导。南京路－新华路交叉口改造前，高峰期间泰安道流量大，且沿线开口较多。交叉口改造后为避免出现拥堵、压车严重等情况，在浙江路－泰安道处增设信号灯以及禁左标志牌，通过控制曲阜道车辆左转，减轻泰安道行车压力。

图 7　调整周边道路交通组织示意图

▶ 增加信号灯控制，优化配时方案

1）拆除环岛后，交叉口采用信号灯控制放行方式，并结合改造渠化方案新增机动车信号灯6处，行人过街信号灯12处。

机动车信号灯6处分别为：面向南京路东进口2处、面向崇安道方向1处、面向成都道方向1处、面向南京路西进口2处。

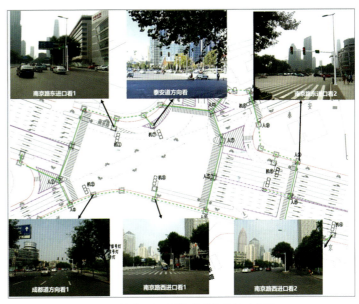

图8　拆除环岛后增加信号灯位置示意图

2）将周边多个路口进行区域干线协调控制，设计各交叉口的信号配时。其中，南京路-新华路西进口左转禁行后，为减小过多车辆通过南京路-河北路、河北路-成都道绕行对三角地交通压力的影响，对南京路-河北路交叉口西进口道外侧右转专用车道实行灯控，减轻三角地带的交通压力。

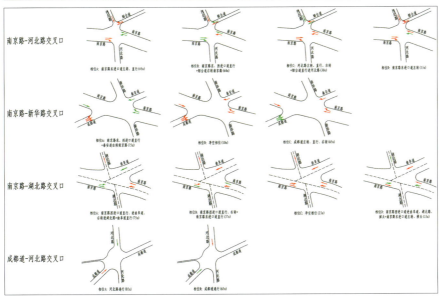

图9　南京路交叉口干线协调控制方案示意图

> **完善交通标志及隔离设施**

更新替换原有内容标志标牌9处，直接利用现有标志标牌共21处等，结合渠化新增加标志标牌共20处，合理引导机动车出行；增加多处人机护栏、机非护栏、防撞桶和隔离水马等交通安全设施，保证慢行交通安全。

> **停车管控，合理引导**

交叉口改造后严格管理周边道路停车。南京路东进口道处有二十一中附小与和平保育院等吸引家长的临时停车点，因此在新华路增设部分临时停车位，并供给洛阳道和湖北路的现状车位解决家长接送车辆的临时停车问题，提高周边分流道路的通行效率。

> **广泛征求意见，全方位立体式宣传**

在方案设计阶段，天津交警通过官网等平台向社会广泛征求意见，并结合民声对方案进行多次调整与公示。在方案施工改造前、中、后期通过天津新闻、天津网、北方网、新华网、大众网、新浪、网易、滨海高新网及微信推送等多平台进行宣传互动，取得了社会的广泛好评。

> **科学仿真，实景模拟**

运用 Vissim 与 Synchro 等交通仿真软件与 Sketch Up 三维场景建模等软件相结合，对交叉口进行了场景搭建及微观交通仿真，基本模拟了交叉口改造前、改造后的运行状态真实场景，并对方案进行调整优化。

实施效果

图10 交叉口改造前后早晚高峰运行实景对比图

▶ 冲突点减少

平峰期间直接冲突点由改造前的 6 个下降到改造后的 2 个。此外，高峰期控制方式由警力疏导交通改为信号灯控制、警力辅助，降低了管控难度。

▶ 交叉口内平均车速提高

经实测，交叉口内平均车速由改造前的 15.2km/h 增至改造后的 21.5km/h，增长幅度 41.44%；车辆通过时间由 31.40s 降至 18.73s，下降了 40.35%，通行效率、清空效率大幅提升。

▶ 通行能力提升

经连续观测高峰期交通运行状况：交叉口接近饱和，高峰小时流量接近实际通行能力，高峰期间交叉口平均多放行约 500pcu/h，通行能力提升约 7.21%。

▶ 饱和度下降

经实测，改造后单车道实际通行能力得到提升，各进口道饱和度下降，交叉口饱和度由 1.06 降至 0.88，整体下降约 17%。

▶ 服务水平提高

经过理论计算与现场实测，南京路西进口道改善效果尤为显著，延误降低 34.24%。交叉口内车均延误由 97.34s 降至 71.78s，下降了 26.26%，服务水平由 F 级升至 E 级。

▶ 车辆排队长度减小

改造前高峰期间，南京路东西进口道接近溢出，改造后西进、出口道平均排队长度下降尤为显著，降幅达 23.3%，总体排队长度下降约 16%。

▶ 慢行驻足空间增加

改造前交叉口内可利用行人驻足区面积约 116m^2，且秩序混乱，存在严重交通安全隐患；改造后驻足区面积增至约 540m^2。

图 11　交叉口改造前后慢行驻足空间对比图

▶ 行人过街时间缩短

改造后大幅缩短了泰安道、成都道、南京路西进口道过街距离，缩短了过街时间，增强了行人遵守交通秩序的意识。

【案例二】南楼五岔路口

现状及问题分析

南楼五岔路口位于天津市河西区，由围堤道、新围堤道、大沽南路（南、北）及尖山路五条干路相交。周边分布有日报大厦、天津医院、第四十二中学等较大的交通发生与吸引点，业态复杂，交通压力巨大。

优化前共设有 25 条进口车道，18 个机动车流向（部分流向高峰禁行），采用六相位的信号控制方式，周期时长达 265s，交通组织形式极为复杂。该路口是整个河西区乃至天津市最为繁忙的交通节点之一，2017 年高德地图发布的《天津市交通分析报告 (Q1)》显示，由该路口起始至贵州路间的围堤道高峰拥堵延误系数高达 2.38，早晚高峰在全市道路拥堵排名中分别位列第 2、第 3 名。

图 12　南楼五岔路口周边路网晚高峰路况图

主要问题

▶ **导向箭头指向不明，易错误行驶**

部分路段进口道所施划的导向箭头不能够明确指示道路行驶方向，容易致使出行者尤其是初至该交叉口的驾驶人在选择方向及车道时出现偏差。

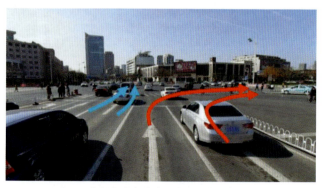

图 13　东侧大沽南路进口道导向箭头指向不明

▶ 相位多，流向复杂，通行效率低

由于交叉口机动车流向过多，信号相位较多，损失时间过长，且部分相位不同流向之间存在交通冲突点，进而影响交叉口整体的通行效率。

▶ 缺乏行人信号灯

现状交叉口仅在中心岗亭位置设置了机动车信号灯，各进口道人行横道缺乏行人信号灯，由于交叉口周边分布有小学和中学，晚高峰期间机动车流与过马路行人流之间的冲突尤为严重，存在安全隐患。

优化思路

▶ 流向简化

禁止部分交通流量小、冲突点多的交通流来简化路口的总体流向。

▶ 精细化渠化设计

缩小交叉口面积，通过导向线来规范行车轨迹。

▶ 信号配时优化

主要目标是减少相位数，简化放行方式，缩小信号周期。

▶ 停车管控

满足周边接送上下学的停车需求，严格管控违法停车。

▶ 慢行交通保障

完善行人信号灯、过街安全岛等设施。

▶ 加强管理监督与宣传工作

优化措施

▶ 流向禁限

对暂时处于地铁施工期断交、交通冲突点较多的尖山路采取右进右出的交通组织形式，以减少相位，提高通行效率；交叉口北进口禁止直行，新围堤道禁止左转，车辆可以通过周边路网绕行。

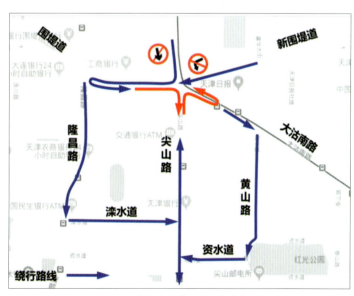

图 14 路口流向禁限、绕行路线图

➤ 渠化设计

根据实际的驶出方向调整各进口道导向箭头，施划相对应的路面文字标记，设置导流线规定非行车区，设置路口导向线引导车辆行驶方向；同时适当提前进口道停车线，设置待行区，以缩小路口面积，提高机动车通行量。

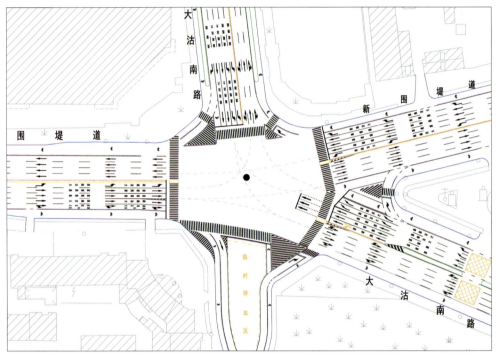

图 15　路口渠化设计方案

➤ 信号配时优化

结合新的交通组织方案，对路口的信号配时进行优化，将原先六相位的信号控制方案调整为四相位，同时减小周期时长。

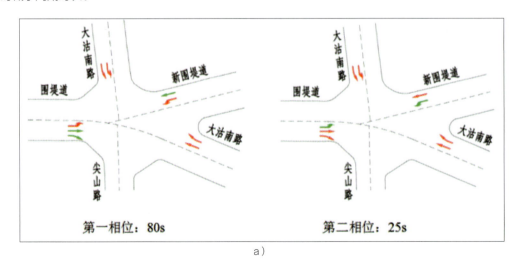

a）

图 16　路口信号配时优化方案

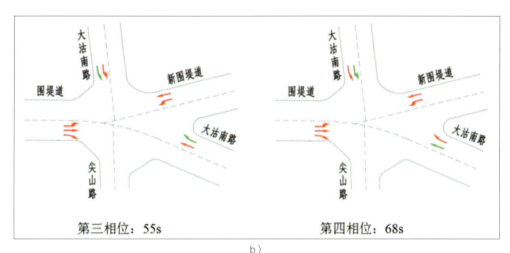

b)

图16 路口信号配时优化方案（续）

▶ 停车管控

考虑路口西南象限闽侯路小学上下学期间的停车需求，利用尖山路进口道展宽段的开阔空间设置临时停车区，同时在路口其他区域增设违停抓拍设备，进一步改善路口交通秩序。

▶ 慢行交通保障

在各进口道的人行横道处设置行人信号灯及二次过街安全岛，并设置独立的非机动车进口道，同时在必要的、存在机非冲突隐患的区域设置护栏，保障交叉口内部慢行交通的连续与安全。

▶ 全方位立体式宣传、加强管理

1）媒体宣传。充分利用新媒体（"天津交警"微信公众号、微博、今日头条、大燕网等）及传统媒体（天津日报、相关广播电台等），第一时间发布改造措施及出行指南，积极发挥引导作用。

2）加强管理。相关区交通大队在路口周边布设警力，做好路口改造初期的交通疏导与秩序管控工作，同时对路口内的违法停车、机动车及慢行交通的违法行为进行专项整治。

实施效果

a）改造前　　　　　　　　　　　　b）改造后

图17 实施效果对比

1）有效改善了车辆错误驶入出口道的情况，提高了路口整体的通行效率。

2）由于需承担前往尖山路的绕行交通流量，路口西侧围堤道交通压力增大，但未出现明显的交通拥堵现象，其余进口道通行情况良好。

3）在尖山路增设临时停车区后，交叉口周边违法停车的现象得到显著改善。

4）各进口道设置慢行设施后，交叉口内部机动车与行人之间的冲突事故减少。

案例总结

本案例中的两个畸形交叉口位于天津市城区核心路段及众多交通吸引源附近，存在流向不清晰、冲突点多、延误大、慢行交通通行安全隐患突出等问题。天津市公安交通管理局通过消减交叉口内交通流向、实施周边道路禁限行、组织配合提前绕行等方法，优化交叉口周边交通流分布；同时辅以施划地面文字标识和路口导向线、合理设置信号控制相位相序、协调联动周边路口信号灯等措施，优化交叉口管控；再以全方位立体式宣传加强违法停车管控，以进一步保证优化方案的顺利实施。实测数据结果显示，畸形交叉口优化后交通拥堵缓解，交通秩序改善，慢行交通出行安全得到保证。

畸形交叉口的交通组织优化可从以下方面考虑：

1）针对交叉口内部流向不清晰、冲突点多等问题，可以通过禁止部分次要流向进入交叉口通行的方式，减少交叉口内部车流冲突。被禁限流向的选择应结合交通流具体情况确定，一般考虑转向角度过小、对其他车流影响较大、流向流量占本进口流量比例较小等为选择条件。流向禁限后应提供相应的绕行方案，避免对临近区域交通产生较大影响。

2）针对出口方向多、车辆寻找出口方向困难等问题，可以考虑在简化交叉口总体流向的同时理顺各车流的通行轨迹，通过地面文字标识、路口导向线进一步强化出口位置提醒，设置标线渠化岛标明交叉口禁止通行区域，使其行车轨迹更加明确。

3）针对无信号灯控制畸形交叉口，根据流量条件新增机动车信号灯，进一步分离交通冲突；简化信号相位，缩小信号周期，避免畸形交叉口因信号灯周期过长导致延误过大，排队车辆积压。

4）考虑与周边路口的信号灯协调控制。将畸形交叉口融入周边区域统筹考虑，不仅要通过信号控制层面的协调以保证拥堵区域的"缓进快出"，也要考虑部分拥堵流向上游交叉口的禁限措施。

5）针对大型畸形交叉口慢行交通过街距离长、通行区域不明确等安全隐患问题，可通过合理设置标线渠化岛、二次过街安全岛等方式保证慢行交通通行空间，并增设行人信号灯，优化信号配时，以保证行人过街时长、减少过街等待时间。

6）当畸形交叉口交通组织管控措施有较大调整时，应做好全方位多角度的宣传工作，并在调整初期投入警力引导车辆有序通行。

慢行交通"路口革命"

引言

行人和非机动车的交通管理向来是个难题。伴随着机动车数量的爆发式增长、电动车等交通工具的普及，慢行交通管理面临越来越复杂的挑战，尤其在路口区域，慢行通道不连续、混合交通流相互干扰、非机动车待行空间不足、慢行交通参与者违法行为多发等问题较为突出。公安部交通管理局发布的《2019年道路交通管理工作要点》中再次强调了"巩固深化礼让斑马线"和"电动自行车交通秩序治理"等城市治乱疏堵行动的重要性，要求各地因地制宜加强慢行交通管理。

济南市公安局交通警察支队近年来大力开展慢行交通"路口革命"，打破了原有的"车为本"思想，建立了"以人为本、保障路权"的新理念，以经十路－舜耕路路口及花园路－七里河路路口为示范，从路口渠化改造、慢行交通通行环境优化、文明交通行为宣传等方面，充分提升路口慢行交通通行环境和通行安全，有效降低违法率，大大改善了路口整体运行秩序。

本案例可为破解慢行交通管理难题、改善路口慢行交通通行秩序、提升通行效率提供借鉴思路。

现状及问题分析

通过调研分析，济南市交叉口慢行交通主要存在以下问题：

▶ 行人和非机动车驾驶人安全意识不够强

部分路口空间大、过街时间较长，加之人们想要快速通过路口的心理需求，造成闯红灯、逆行、占用机动车道等不文明交通行为时有发生，影响了路口秩序和形象。

图1 非机动车闯红灯及逆行现象

▶ 慢行过街不顺畅

不仅是济南，全国各大城市的路口设计通常体现"以车为本"的理念，让机动车通行更顺畅、更有效率，导致机动车挤占了行人和非机动车的路权，行人、非机动车通过路口采用"S形行驶路径"，增大了慢行过街绕行距离，人非混行、机非混行现象严重。

图2 交叉口慢行过街存在绕行现象

▶ 慢行等待空间不足

部分交叉口高峰期间受路口空间限制以及慢行交通流量不断增大的影响,造成慢行等待空间不足,非机动车排队过长,导致部分非机动车占用机动车道通行,机非混行影响路口通行效率。

图3 慢行流量大、等待空间不足

▶ 交通设施不够完善

部分交叉口缺少配套的交通设施,例如非机动车流量大的交叉口缺少机非隔离护栏时导致路权空间混用、机非互相抢道,造成事故隐患;部分交叉口缺少人性化的交通设施和行人过街信号设施间接导致闯红灯现象概率增大。

图4 缺乏隔离设施、慢行信号控制设备

优化思路

注重人本化交通出行建设,从渠化设计改造、交通设施完善、处罚与教育宣传结合进行优化。

▶ 顺直慢行过街流线

针对慢行过街流线长、不顺畅、通行效率低的问题,对部分路口进行人行横道前移、非机动车流线取直等措施,顺直慢行过街流线,减小慢行过街距离,保障通行时间。

▶ 设置非机动车待行区

在非机动车流量较大的进口设置非机动车待行区,满足待行需求,减少驶入机动车道的现象,并根据路口及交通流实际情况选择合理的待行区设计形式,喷涂彩色沥青加强标识;实行非机动车左转二次过街,有效减少机非冲突,保障慢行交通安全。

▶ 完善配套安全设施建设

设置机非隔离、人非隔离等隔离设施明确路权;针对大面积及行人过街距离长的交叉口,设置及扩大行人过街安全岛,保证过街等待空间及安全;安装非机动车遮阳棚提升通行品质,减少恶劣天气非机动车驾驶人违法现象。

▶ 增设违法抓拍系统提升斑马线通行安全

针对路口机动车不礼让慢行交通,在路口增设机动车不礼让行人抓拍点位,通过增加交通参与者的违法成本,增强机动车让行意识,规范驾驶行为;针对行人闯红灯多发现象,设置具有人脸识别功能的行人非机动车闯红灯自动抓拍设备和"交通违法曝光台",配合地面发光警示灯、闯红灯语音提醒设备,实现违法抓拍、声光提示、违法曝光一体化,进一步加大斑马线管控力度。

▶ 增加执勤警力加强违法处罚和教育

在重要路口,早晚高峰安排人员对违法非机动车驾驶人及行人进行处罚、集中学习,加强宣贯交通安全常识,提高慢行交通参与者的安全意识。

▶ 礼让文字促进文明行为

在斑马线两端、行人信号灯杆、非机动车停止线内施划礼让性的文字,使文明礼让的行为随处可见。

【案例一】经十路–舜耕路交叉口

经十路–舜耕路交叉口是济南市经十路、舜耕路两大主干路的交汇点,周边公园景点、党政机关众多,交通流量较大,是济南市文明示范路口,现状行人、非机动车不按信号灯通行等问题时有发生,亟待推动慢行交通"路口革命"。

▶ 顺直慢行过街流线

优化前,交叉口内标线渠化岛与非机动车二次过街的模式造成四个方向停车线设置靠后,慢行交通过街流线不顺畅,尤其在二次过街模式下通行距离较长,故前移停车线,缩小路口空间,顺直行人、非机动车的通行线路,大大减少慢行过街延误。

图 5　慢行交通过街流线优化前后对比(蓝色为非机动车流线,红色为行人流线)

▶ 增加安全岛及待行区面积

通过压缩车道宽度等路口改造措施将行人过街安全岛扩大,确保行人等候更加舒适安全有序;在交叉口四个转角区域设置非机动车待行区,满足非机动车等待需求,并采用彩色沥青加强标识,明确路权和空间。改造后,安全岛、待行区面积增加 30% 以上。

图 6　行人过街安全岛及非机动车待行区

▶ 减小右转机动车转弯半径

减小右转机动车转弯半径,由 15m 降为 9m,不仅降低了路口右转机动车的速度,达到车辆减速避让行人的效果,还增加了行人、非机动车通行空间,缩短了行人过街时间,交通事故率降低了 15%~20%。

图 7　右转机动车转弯半径改造前后对比

▶ 完善各类设施

在临近路口设置行人与非机动车、机动车与非机动车隔离设施,保障不同交通流各行其道、有序通行;在进口道安装高标准、高规格的非机动车遮阳棚,提升慢行等待时的舒适感及通行品质。

图 8　隔离设施及进口道非机动车遮阳棚

▶ 设置行人闯红灯自动抓拍系统

借助行人闯红灯自动抓拍系统这项新技术,配合交通违法曝光平台对行人的违法行为进行曝光。引导大家告别交通陋习,倡导文明出行,提升公民素质。

图 9　行人闯红灯自动抓拍系统及交通违法曝光平台

▶ 安装非机动车语音声光提示系统

借用高速雾区防撞技术，安装非机动车语音声光提示系统。该系统同路口交通信号相位相匹配，通过地面光幕或光带的方式提示行人、非机动车按照信号指示通行，采用红外线感应装置，对不按照信号指示通行的人员进行语音警告。

图10 非机动车语音声光提示系统

▶ 增加执勤警力，设立违法学习教育点

增派民警、交通协管员、辅警执勤，积极协调辖区街道办事处等单位和社会组织，发动更多的志愿者去交叉口参加志愿服务，并且深入学校开展志愿服务培训活动。在交叉口创新设立交通违法行人、非机动车驾驶人学习教育点，印制交通法律法规、答题试卷、交规抄写本，配备专用凉亭、交通违法人体验交通管理的执勤装备。同时，严格落实交通违法诚信信息采集，处罚与教育相结合，确保路口的交通秩序持续起到示范作用。

图11 志愿者学习、体验交通管理工作

▶ 设置多种礼让文字

营造路口文化。在斑马线两端喷涂印章版"让"字、右转车轨迹内喷涂3D象棋版"让"字，把"礼让三分"的理念烙在交通参与者心中；在行人信号灯杆上，设置"车让人，人快走"字样，让人车互相尊重成为一种理念；在非机动车停止线内喷涂黄色"守住生命安全线"字样……一系列小举措使礼让的文字及文明的行为随处可见。

图12 礼让文字

实施慢行交通"路口革命"以来，全新面貌的交叉口实现了慢行交通与机动车路权的合理分配，保障了慢行交通通行空间和等待空间，慢行交通秩序、通行效率和安全均有了进一步的改善。

图 13　经十路－舜耕路交叉口改造后全貌

【案例二】花园路－七里河路交叉口

花园路－七里河路交叉口隶属济南市历城区，花园路为东西向重要主干路，全线双向 8 车道，设有公交专用道；七里河路为南北向支路，双向两车道，与花园路畸形交叉。

▶ 优化停车线位置，理顺慢行过街流线，设置行人过街安全岛

将东西进口停车线前移，缩短停车线间距以减少车辆通过交叉口的时间，提高机动车通行效率，缓解路口交通拥堵程度；拆除不合理转角岛，调整人行横道设置角度，顺直慢行过街，减少绕行距离，提高慢行交通通行效率；由于东西进口人行横道距离变长，通过压缩车道宽度增加行人过街安全岛，使用彩色沥青标识，施划"安全驻足区"文字。

图 14　停车线优化前后对比

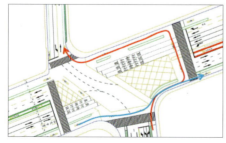 

图 15　非机动车过街流线优化前后对比
（蓝色为西进口直行非机动车流线，红色为南进口直行非机动车流线）

▶ 优化停车线位置，理顺慢行过街流线，设置行人过街安全岛

将东西进口停车线前移，缩短停车线间距以减少车辆通过交叉口的时间，提高机动车通行效率，缓解路口交通拥堵程度；拆除不合理转角岛，调整人行横道设置角度，顺直慢行过街，减少绕行距离，提高慢行交通通行效率；由于东西进口人行横道距离变长，通过压缩车道宽度增加行人过街安全岛，使用彩色沥青标识，施划"安全驻足区"文字。

图16 非机动车二次过街等待区

▶ 增设非机动车待行区

北口慢行交通流量大，现有非机动车道无法满足慢行交通等待需求。为保证慢行优先，增设非机动车待行区。考虑到道路空间资源有限，故将进口道停车线后移，在前方设置非机动车待行区，并设置独立的非机动车信号，较机动车信号采用早启早断的控制方式，防止机非相互干扰，采用地面图形标记和彩色沥青的方式，增强非机动车的引导和保护。

图17 非机动车待行区设计图与实施图

▶ 设置慢行保障设施

通过设置人非隔离栏、取消路口两侧机动车停车位、铺设地面彩色沥青等措施，保障慢行安全有序运行，改善慢行出行环境，提升慢行交通品质。

图18 设置人非隔离、非机动车道铺设彩色沥青

交叉口辅以借道左转交通组织和信号相位的优化调整，进口车辆排队长度明显减小，东西方向行人过街无法完成、停留发生冲突现象明显减少，非机动车侵占机动车道、越线停车现象减少，二次过街自觉性提高，总体来看，慢行交通运行品质稳步提升。

图 19　花园路-七里河路交叉口改造后全貌

案例总结

在我国城市道路路口混合交通流背景下，行人和非机动车是重要的交通参与者。目前国内大部分城市以机动车为主的设计及管理理念，造成慢行交通通行及待行空间受限、过街流线不顺畅，导致路口秩序混乱、违法行为多发及安全问题突出。

济南市为破解慢行交通管理难题，以经十路-舜耕路路口及花园路-七里河路路口为例，完善设置隔离护栏、行人过街安全岛、非机动车遮阳棚等各类设施，确保慢行交通通行路权；优化路口停车线以顺直慢行过街流线、增加非机动车待行空间等渠化改造措施，保障慢行交通通行线路和空间；设置各类抓拍曝光系统进行处罚与违法学习教育相结合、开展礼让斑马线宣传文明交通行为，提升慢行交通参与者文明出行意识。通过实施上述组合措施后，路口慢行交通通行环境品质及整体运行秩序有了明显的提升。

优化交叉口慢行交通通行环境可从以下方面重点考虑：

1）充分保障慢行交通路权。保证慢行交通与机动车各行其道，具体措施包括完善设置机非隔离设施，在非机动车流量较大但等候空间不足的区域合理设置待行区。

2）重视路口三角区内事故隐患。右转机动车转弯半径较大会造成右转车速快，尤其是大型车辆存在内轮差、视野盲区，有碾压非机动车及行人的可能性。宜结合路口实际情况，通过设置机动车右转导流线，减小右转机动车转弯半径，达到强制减速的目的。

3）优化调整路口停车线及人行横道位置。路口停车线和人行横道设置过后会增加机动车和非机动车通过路口时间和距离，降低通行效率；设置过前则会造成行人一次过街距离较长。应结合路口实际情况合理确定人行横道位置，配合二次过街安全岛、信号配时优化等措施，在保证过街安全的前提下，尽量顺直过街流线。

4）采取多样化的宣传教育及引导手段。利用路口内文字宣传标语、停车线语音声光提示系统提醒慢行交通参与者重视交通安全、遵守交通法规，设置行人闯红灯自动抓拍系统进行违法曝光，设立违法学习教育点进一步让文明安全意识深入人心，营造良好的出行环境。

电动自行车"蓄水式"放行

引言

电动自行车是一种重要的交通出行工具，其在交叉口的运行特征与机动车交通存在很大差异，绿灯初期以几乎零损失的起动反应时间集团式进入交叉口，并迅速膨胀，而绿灯末期流量小且离散性强。当电动自行车流量很大时，在常规的交叉口交通组织方式下，其对机动车流会产生干扰，且存在安全隐患。为保证交叉口的安全，提高电动自行车的通行效率，广西南宁市公安局交通警察支队对交叉口电动自行车的组织管理模式进行了有益探索。

目前南宁市区登记上牌的电动自行车已经突破 250 万辆，且仍以较快的速度增长，有的主干路断面电动自行车流量高达 1.2 万辆/时。针对部分交叉口电动自行车流量大、机非冲突严重、通行效率不高及存在安全的问题，南宁市公安局交通警察支队经过探索并实践应用，创新建立了非机动车"蓄水式"放行模式，大大改善了交叉口的通行秩序、提高了通行效率和安全性。

本案例可为电动自行车通行数量庞大的交叉口交通组织模式提供参考和借鉴。

现状及问题分析

长湖立交桥下路口为二层菱形立交信号控制十字路口，其中东西走向的长湖路为滨湖片区穿越厢竹大道（快速环路）通往凤岭北片区的三条主干道之一，机动车、非机动车流量大，而厢竹大道作为城市快速环路，通过辅路进入长湖路的机动车流量同样较大。随着凤岭片区内高档住宅区的兴建和火车东站的落成使用，加上受到长湖路及周边大型商场、学校等因素的影响，使得长湖路的车辆通行数量逐年增加，长湖立交桥下路口的拥堵问题也日益严重。

图 1　长湖立交桥下路口区位特征

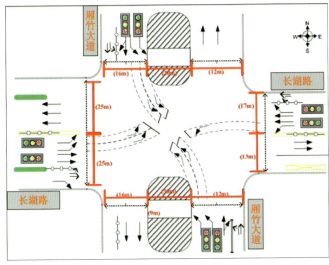

图 2　优化前交叉口基础信息图

主要问题

▶ 交通流潮汐现象，非机动车流量巨大

长湖路早晚高峰流量不均衡特点尤为明显，存在潮汐现象，早高峰东进口流量高达 1014pcu/h，西进口流量为 718pcu/h；晚高峰东进口流量为 759pcu/h，西进口流量高达 1232pcu/h。

早高峰非机动车流量每小时高达 8185 辆，为机动车流量的 3 倍，晚高峰非机动车流量每小时高达 7819 辆，为机动车流量的 2 倍多，非机动车占用机动车道，导致机动车行驶缓慢，通行能力降低。

图 3　早晚高峰交叉口非机动车流量巨大

▶ 现有放行方式存在安全隐患

早高峰运行方案下，东西主车流方向为单口轮放，机非之间形成巨大的主车流冲突，特别是东西左转的非机动车与直行机动车之间产生了巨大的冲突，产生极大的安全隐患；而在左转对称放行相位时，左转机非、左转非机动车间的交通流也存在安全隐患。

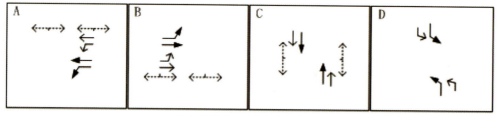

图 4　优化前早高峰相位相序设置

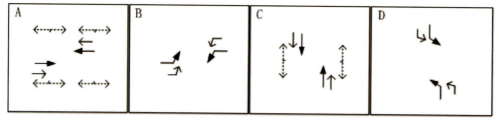

图 5　优化前晚高峰相位相序设置

图 6　左转对称放行相位时机非混行存在安全隐患

▶ 空间资源挖掘不足

由于该路口处于立交桥下，交叉口内的面积较大，导致交叉口存在着巨大空间未被利用。

图7 交叉口空间资源闲置

优化思路

大量的非机动车是南宁市交通的一大特色，作为交通参与者中的弱势群体，对于非机动车的交通组织与保障不仅要考虑其自身的运行特征，更要综合考虑其与机动车运行的相互关系，进行有针对性的管理和保障。

▶ 充分利用空间资源

将桥下未被利用区域设置为非机动车待行区，将非机动车提前引导进入，以解决非机动车流量大与等候空间不足的矛盾，将等候空间前置，类似于"蓄水"。

▶ 同步调整信号配时

考虑到进口流量的不均衡性，以单口轮放为基础，借鉴非机动车待行区的思路，将"蓄水区"内的非机动车先于机动车放行，从而减少路口机非冲突，提高路口通行效率。

▶ 合理有效引导

增设各类交通管理设施，以规范非机动车通行秩序，安全有效引导非机动车进出"蓄水区"，保证方案的正常运作。

优化措施

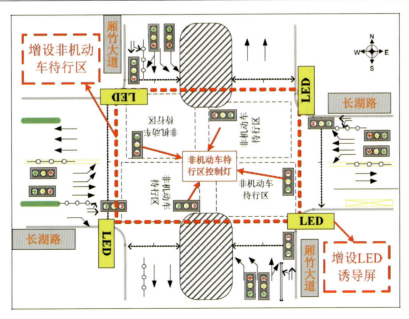

图8 非机动车"蓄水式"放行方案示意图

▶ 进口道前设置非机动车待行区

在各个进口道前设置非机动车待行区：首先确定每个进口左转车辆的最小转弯半径，然后利用转弯半径外侧与人行横道及交叉口内部围成的空白区域，施划不规则的非机动车待行区，目的是使待行区车辆排队不干扰左转机动车通行，使得通行轨迹相互独立。由于该路口道路条件较好，交叉口内面积大，四个待行区能储存 120~150 辆不等的非机动车，分离了机非等待空间，有效利用了空间资源。

图 9 非机动车"蓄水式"放行方案示意图

▶ 调整信号配时方案

为配合非机动车待行区运行，增设非机动车相位，采用单方向放行、直行机动车信号延迟启动的方案进行控制：在放行上一个相位时，将非机动车辆引导到待行区进行等待，本方向的直行机动车放行时间比非机动车延迟启动 9s，待排空待行区的非机动车后，直行机动车开始放行，此时禁止非机动车左转。该方案利于非机动车待行区内车辆的消散，在时间上进行机非分离。优化后相位相序如图 10 所示。

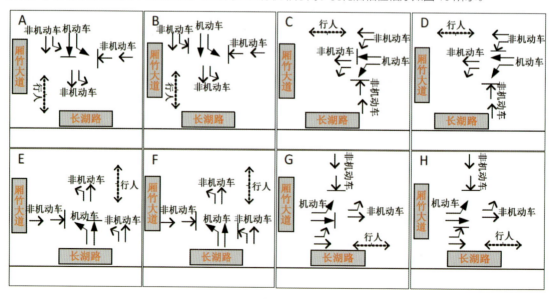

图 10 优化后相位相序示意图

▶ **增设非机动车信号灯**

在交叉口各进口增设 2 处非机动车信号灯。如图 11 所示,一是控制待行区非机动车通过交叉口的非机动车信号灯,由于左转和直行非机动车同时放行,所以各个方向只需设置一组非机动车信号灯,设置位置为对向进口处,面向非机动车行车方向;二是控制非机动车从原停车线进入待行区的非机动车信号灯(预信号灯),由于待行区直行非机动车放行时间比左转非机动车要长,所以需要设置非机动车信号灯与左转非机动车信号灯两组,设置位置为高架桥墩下,面向非机动车行车方向。

▶ **增设 LED 诱导屏**

在交叉口各进口设置 LED 诱导屏,以引导非机动车适时进入待行区,实现有序管理。每个方向的诱导屏都连接到信号机,根据相位的变化显示不同的内容,在允许非机动车进入待行区的时候,诱导屏显示绿色文字"请电动自行车驶入待行区",如图 11a 所示;在不允许非机动车进入待行区的时候,诱导屏显示遵守交通规则的红色标语,如"向遵守交通规则的骑行人点赞",如图 11b 所示。

a)允许进入待行区时

b)禁止进入待行区时

图 11 非机动车信号灯及 LED 诱导屏设置

值得注意的是"蓄水式"放行和普通的非机动车前置待行有一定的区别:一是前者利用本进口机动车道和非机动车道的前方区域,区域较大,后者一般只利用了本进口非机动车道的前方区域,区域较小;二是前者的待行区只有在特定相位才允许非机动车进入,需要设置专用诱导设施或者民警手动指挥进行引导,而后者的非机动车前置待行区不受放行相位的影响。

实施效果

对长湖立交桥下路口实施了非机动车"蓄水式"放行方案后,消除了机非之间巨大的主车流冲突,实现了对机非混行交通的有序管理。

图12 南进口非机动车进入待行区

图13 西进口非机动车进入待行区

优化效果

➢ 提高了路口空间利用率

充分利用了立交桥下的大面积空白区域,提高了交叉口空间的利用率;同时将非机动车集中在待行区中,有利于单独管理。

➢ 缩短了路口的高峰时段

方案实施前,路口早晚高峰时段运行周期较大但依然无法满足路口的通行需求,地面执勤民警常通过手动控制来进行交叉口管理,早晚高峰手动周期时长较大;方案实施后,路口早高峰时段信号周期由原来的244s优化为227s,平峰时段信号周期由原来的205s优化为186s,晚高峰时段信号周期由原来的252s优化为248s,高峰期时段由此缩短了10~20min。

➢ 提高了路口的通行能力

方案实施后,早高峰的机动车通行能力由原来的2595pcu/h提高到了2838pcu/h,增幅为9.36%;晚高峰的机动车通行能力由原来的3265pcu/h提高到了3643pcu/h,增幅为11.60%;平峰时段,优化前部分进口存在着车辆滞留,2个周期才能通过交叉口,优化后机动车辆均可一次性通过路口,整个路口的通行效率有明显提高。

➢ 保障了路口的运行安全

直行机动车迟启动方案有效地解决了实施前东、西进口单方向放行时左转非机动车与直行机动车之间的冲突,保障了路口安全有序地运行。

进一步应用

长湖立交桥下路口运用"蓄水式"放行优化效果显著,成为典型的多向"蓄水式"放行(多个进口设置非机动车前置待行区)案例,继而"蓄水式"放行在其他交叉口得到进一步应用,演变形成多元化的"蓄水"方式。

▶ 民族大道－青秀路交叉口单向"蓄水式"放行

民族大道是东西向主干道，与南北向青秀路相交，位于民族大道隧道上方，是车辆往南北疏散的主要路口。西进口右转机动车流量与非机动车流量巨大，非机动车等候区及渠化岛大约可供 50 辆非机动车等候过街，而实际的等候电动车需求约为 140~160 辆，供需矛盾突出，非机动车排队等候过街溢出安全岛及非机动车等候区，右转机非冲突大，排队现象严重。

南宁交警通过增设西进口非机动车前置待行区，并利用现有东出口道的诱导屏进行引导，非机动车待行空间大幅增加，减少启动延误时间。设置单向"蓄水式"放行，不需要对路口原有的放行方式进行较大改动，方式更为灵活，适用性更广。

图 14　民族大道－青秀路交叉口西进口优化前实拍照片　　图 15　民族大道－青秀路交叉口西进口优化后实拍照片

▶ 北湖立交二次"蓄水式"放行

北湖立交由南北走向的北湖路下穿与东西走向的厢竹大道高架桥相交构成，为连接城区快环内外的关键路口，周边住宅区密集，日常通行车流量大，高峰非机动车流量每小时最高达 10846 辆，各个进口的非机动车道宽度较小，每个放行相位都很难满足庞大数量非机动车通行需求，经常出现非机动车排队长，占用机动车道和人行道通行等情况。

南宁交警将东、西、南三个进口的非机动车等待区分割为两个部分，分别是第一阶段非机动车停车区和第二阶段非机动车待行区：非机动车可以在不影响其他车辆正常通行的情况下随时先驶入第一阶段停车区，根据路口诱导屏引导在上一相位通行时驶入第二阶段待行区。让路口的前置等待区兼容了普通路口的非机动车等待区和"蓄水式"非机动车等待区两种功能。

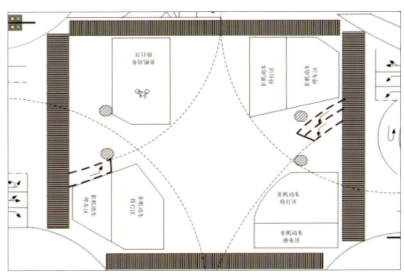

图 16　北湖立交等待区设置示意图

图 17　非机动车分阶段驶入等待区诱导屏显示

a) 驶入停车区　　　　　　　　　　　　　b) 驶入待行区

图 18　二次"蓄水式"放行实景

案例总结

本案例以长湖立交桥下路口为例，介绍了非机动车"蓄水式"放行方式。该路口的特点是路口内空间范围大、电动自行车流量大、机动车流量大，存在的主要问题：一是绿灯放行时，集团式电动自行车挤占机动车通行空间导致机动车通行不畅通；二是离散的电动自行车干扰机动车通行导致安全隐患；三是交叉口内大量空间资源存在浪费现象。通过采取在交叉口内施划大面积的非机动车前置待行区、调整信号控制相位相序、增设非机动车信号灯及诱导屏等措施，使非机动车在红灯等候时提前进入待行区，在绿灯放行初期先于机动车通过交叉口，达到了机非时空分离的目的。

实施交叉口非机动车"蓄水式"放行需要明确：

1)"蓄水式"放行模式属于比较特殊的交通组织方式，有一定的使用条件，一般在进口非机动车流量很大、交叉口内有可利用空间、常规交通组织效果不理想的情况下才考虑使用。

2) 实施非机动车"蓄水式"放行时需要根据非机动车流量、交叉口内车流通行轨迹确定非机动车待行区大小及停车线位置，调整现状信号控制相位相序，重点设计直行机动车延迟启动时间，并且完善设置非机动车信号灯、诱导屏等相关设施。

3) 任何一种交通组织方式都有利弊，都必须因地制宜、扬长避短。"蓄水式"放行模式同样也存在一些问题，如非机动车进入前置待行区过程中与相交道路行人过街放行有冲突、对右转机动车通行有影响，存在安全隐患，且发生交通事故时责任较难判定。

路段交通组织

潮汐车道与可变车道组合应用
快速路匝道交通组织优化
多车道汇入交织区的交通组织设计

潮汐车道与可变车道组合应用

引言

道路交通潮汐现象是指在同一条道路某一时段，某一方向交通流高度集聚、拥堵不堪，对向车道却处于闲置状态，而在另一时段则反之，道路空间忙闲不均。设置潮汐车道，就是将道路空闲方向上靠近中心线的车道临时借给对向交通使用，以此盘活闲置的道路资源，提升道路通行效率。

通途路是宁波市区一条主干路，高峰期呈现常态化的拥堵，且潮汐现象明显。在利用道路拓宽增容、瓶颈改造等措施提升道路通行能力的基础上，宁波市公安局交通警察局根据道路上的交通潮汐特征，通过设置潮汐车道来挖掘道路资源，并在交叉口处设置可变车道、完善相应的标志标线等配套设施，来提高潮汐车道使用效率。

本案例从潮汐车道适用条件、交叉口处转向车道配套调整、完善相关设施设置等方面，介绍了潮汐车道的设置、运行相关情况，对缓解潮汐交通压力、提高道路资源利用率具有一定的指导意义。

现状及问题分析

通途路是贯穿宁波市城东、城西的一条主干路，道路沿线分布着密集的居民区、学校、商场等众多出行吸引点，交通流量高度集中出现常态化拥堵，核心区段高峰路口平均饱和度在 0.85 以上（0.8 以上即为非常拥堵）。而通途路中段（新芝路至庆丰桥，也称永丰西路）相对两端道路车道较少，因此更为拥堵，特别是通途路－新芝路交叉口附近最为明显，高峰期间车辆通行困难。

图 1　通途路交通拥堵重点路段

该交叉口及附近路段主要存在以下三方面问题：

▶ 路段交通流存在潮汐现象

通过对道路通行情况持续观察及交通流量调查，早高峰主要交通方向为西往东，晚高峰主要交通方向为东往西。流量调查结果见表 1。

表 1　通途路交通流量调查统计

时段	方向	流量 (pcu/h)	通行能力 (pcu/h)	饱和度	主要交通方向	方向不均匀系数
07:30-09:00	东→西	1942	2160	0.90	西→东	0.57
	西→东	2608	2160	1.21		
	总量	4550	4320	1.05		
17:00-18:30	东→西	2486	2160	1.15	东→西	0.62
	西→东	1515	2160	0.70		
	总量	4001	4320	0.93		

图 2　通途路早晚高峰通行状况

▶ 交叉口瓶颈现象突出

通途路西侧道路路况较好，车道相对较多，东侧有庆丰桥车辆长驱直入，同时有匝道车辆的汇流，由此通途路－新芝路交叉口处形成瓶颈节点，通行能力受限，车辆通行缓慢。东西方向信号灯每灯次大概通行车辆 115 辆，早高峰一般要延续到 9:00-9:15 左右，晚高峰一般要延续到 18:30 后。

▶ 小区出入口与公交站点冲突明显

通途路北侧高塘花园东侧有一处公交站点，公交车进出站与右转进入小区车辆冲突，因该冲突点离交叉口较近，路口排队车辆往往排队至此，造成进入小区车辆在通途路上排队等候，形成恶性循环，影响后方车辆通行。

优化思路

▶ 道路拓宽改造

拆除机非绿化带以增加道路空间资源。

▶ 实施潮汐车道

针对交通流潮汐现象，在通途路沿线实施潮汐车道的改造，增加相应的标志标线和引导设施。

> **实施可变车道**

为了保证潮汐车道的正常运行以及交叉口的左转需求，不宜采用禁左措施，应配套采用可变车道。

> **改造公交站台**

针对小区出入口与公交站点冲突造成出口不畅的问题，设置港湾式公交站台，减少对干线交通的影响。

优化措施

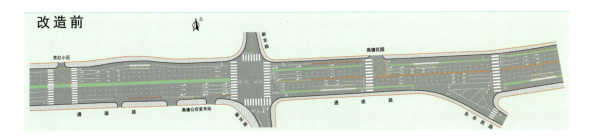

图3 改造前交叉口渠化设计图

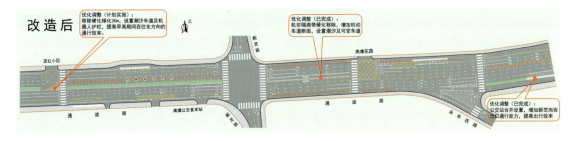

图4 改造后交叉口渠化设计图

> **拆除道路两侧绿化带增设车道**

对新芝路至庆丰桥下桥处两侧机非绿化带予以拆除，新增2条机动车道，提高路口通行能力。

图5 改造前道路

图6 改造后道路

实施潮汐车道 + 可变车道

先后在新芝路东口和西口实施潮汐车道 + 可变车道。

（1）东口

针对该段道路早晚高峰车流潮汐现象较为明显，对东出口内侧车道设置为潮汐车道，东进口最内侧车道设置为左转、直行可变车道，配合潮汐车道方向调整：在 7:00-9:00 早高峰阶段，为 4 进（左、直、直、直右）4 出，东口的潮汐车道为出口道，可变车道则为左转车道；其余时段为 5 进（左、直、直、直、直右）3 出，潮汐车道为左转车道，可变车道则为直行车道。

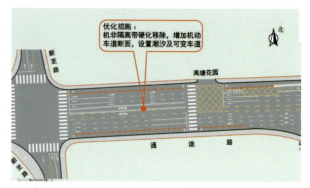

图 7　通途路（新芝路 – 高塘花园）改造设计图

图 8　预告标志

图 9　潮汐车道 + 可变车道标志及标线设置

（2）西口

对西出口最内侧车道设置潮汐车道，西进口最内侧车道设置为左转、直行可变车道，配合潮汐车道方向调整：在 7:00-9:00 早高峰阶段，西口为 5 进（左、直、直、直、直右）3 出，潮汐车道为左转车道，可变车道为直行车道；其余时段为 4 进（左、直、直、直右）4 出，潮汐车道为出口道，可变车道则为左转车道。

完善配套设施：硬化部分芝红小区出口处的中央绿化带 30m，以借用对向车道设置潮汐车道，保证车辆有足够的距离驶入潮汐车道；通过可变标志对西往东方向的车辆进行引导，提高安全性，使车辆能有序高效行驶，充分保障潮汐车道使用空间，有效减少外界交通干扰因素。

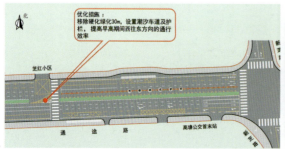

图 10　通途路（芝红小区 – 新芝路）改造设计图

图 11　通途路（芝红小区 – 新芝路）潮汐车道标志引导

（3）潮汐车道的切换过程

在车道变换前，门架显示屏上的导向标志会进行转换，共分三个阶段：

第一阶段，出现屏闪，提示要进行方向转换。

第二阶段，潮汐车道上方的显示屏两面均变为红色的禁止驶入标志，并持续2min以上，此阶段为清空期，此时正在潮汐车道上行驶的车辆需要尽快驶离，而还未驶入的车辆则禁止驶入。

第三阶段，转换为正常通行状态，请驾驶人按照显示屏指示选择车道。两个门架上的显示屏变化同步进行。

▶ 设置港湾式公交停靠站

北侧公交站点经拓宽渠化后设置港湾式停靠站，减少公交进出站对干线交通的影响。

图12　港湾式公交停靠站

实施效果

从目前整体通行状况来看，早晚高峰通途路交通总体忙而不乱，该路段基本未出现严重拥堵的状况，车辆通行明显顺畅。

图13　优化后通途路早晚高峰现状

图14　优化后交叉口现状

通途路改造并实施潮汐车道+可变车道后，取得了良好的效果：

▶ 关键节点通行能力提升

改造后，交叉口东西方向信号灯每周期通行车辆为 145 辆左右，较之前 115 辆提高了 26%；通过交叉口的直行车辆每小时能增加 600~800 辆，通过量提升 25%，通行能力有明显的提升；车辆通过交叉口的时间由原来的平均 5 个信号周期缩短为平均 2~3 个信号周期，拥堵状况相比改造前有显著改善。

▶ 路段通行效率提高

通途路潮汐车道的设置缓解了早晚高峰道路交通流潮汐现象造成的拥堵，双向车辆的行驶车速大幅提高。

▶ 高峰期持续时间缩短

早高峰至 9:00 前车流量基本明显回落，晚高峰也提前到 18:15 前结束，早晚高峰持续时间明显缩短。

▶ 设施利用效率较高

潮汐车道配合完善的标志标线及引导手段，使用效率较高：在交通密度大时，潮汐车道的使用率接近于常规车道，没有造成"无车敢进"的状态；在交通密度较小的情况下，常规车道的通行能力已基本满足交通需求。

案例总结

通途路是宁波城区一条交通性主干路，沿线分布着学校、居民区、商业体等众多交通发生和吸引点，早晚高峰期交通量巨大，交通拥堵常发，且潮汐现象明显。宁波市公安局交通警察局在实施拆除绿化以拓宽道路通行空间、改造公交站台以消除道路瓶颈等措施的基础上，通过实地调研，针对路段高峰时段交通的潮汐特性，在通途路上实施潮汐车道的交通组织，通过借用对向闲置车道，提升道路通行效率，充分挖掘了道路交通资源。

应对路段交通流潮汐现象、合理组织潮汐车道应考虑：

1）在除了采用传统的工程改造，进行道路扩容的同时，还应考虑如何根据道路交通流运行特征，通过交通组织的调整，来充分利用现有道路资源。

2）实施潮汐车道能够有效提升路段通行效率，但需要同时考虑交叉口通行能力能否与路段通行能力相匹配，以及交叉口处潮汐车道如何进行交通组织。必要时需对交叉口的交通组织进行调整，避免交叉口成为新的交通堵点。在本案例中，通过在交叉口处设置可变车道，依据潮汐车道方向的变化，调整交叉口车道功能，实现了交叉口与路段通行能力匹配，解决了潮汐车道在交叉口处的交通组织问题。

3）设置潮汐车道时，还应注意，当借用对向车道后，对向剩余的车道应能够满足其自身的交通通行需求。

4）设置潮汐车道和可变车道时，应完善信号灯、引导标志、标线等相关设施，保证驾驶人能够清晰识别信息，清楚知道是否可以进入潮汐车道、潮汐车道的方向、可变车道的功能。

5）在潮汐车道方向转换阶段，应设置足够清空时间，保证正在潮汐车道上通行的车辆能够尽快驶离潮汐车道，保证通行安全性。

快速路匝道交通组织优化

引言

城市快速路是城市内跨区域长距离快速通道。随着交通流量的不断增大，快速路为跨区域通行带来便捷的同时，交通问题也逐步显现：匝道拥堵，进出快速路难；匝道与地面交叉口衔接不当，造成地面交通拥堵并反向溢流至快速路主线；快速路发生交通事故时，不易快速处理等。因此，快速路交通组织优化，已成为城市交通管理的难点。

案例中的经四路出口是济南市顺河高架由北向南的唯一出口，加之该出口周边是行政、经济、文化中心区，所以下匝道的交通流量一直居高不下，交通拥堵呈现常态化，甚至出现蔓延趋势，造成周边区域主要道路交通拥堵。济南市公安局交通警察支队针对该出口的特殊性，综合采用改变路口渠化、实施禁行、利用路网分流等措施，在缓解与该出口匝道衔接交叉口的交通压力上取得了一定成效。同时通过对快速路局部区域进行的微改造，在一定程度上提升了快速路的通行环境。

该案例中提及的快速路治理思路、微改造措施，对快速路匝道及主路交通秩序改善以及日常管理工作，具有一定的启示。

现状及问题分析

随着济南市经济发展，城市空间日益紧缺，传统路面道路已经无法满足城市通行需求，"上天入地"成为济南市未来道路发展的主流。目前济南市城区的五条高架快速路每天分担着大量的城市交通流量，交通拥堵问题突出。

图 1　顺河高架与经四路交叉口区位图

顺河高架为济南市城区五条高架路之一，经四路下桥口为顺河高架由北向南唯一的一条出口匝道，导致从该匝道下桥的车流量一直居高不下，造成地面经四路交叉口交通流量高度集中乃至出现常态化交通拥堵，加之随着顺河高架南延的开通，其拥堵形势正在日益加剧，由此引发的拥堵已逐渐向地面路口周边区域以及北园高架、经十路等主要道路蔓延。

经四路出口匝道周边路网可靠性不高，南北向分流线较少，加之周边土地开发强度大，商业、办公、居住等建筑分布密集。据统计，路口北向南方向高峰小时流量为2915辆，其中直行为2103辆，右转为812辆；北口下桥交通流量为972辆，下桥右转交通流量为590辆，约占下桥交通流量的61%。目前由北向南车辆排队长度经常达近3km，已形成常态且与北园立交相连而影响北园高架运行。出现交通问题主要有以下原因：

▶ 出口匝道落地点距路口过近

北口下桥接地点距路口停止线仅65m，既无缓冲空间，也无车辆排队储存空间。

▶ 出口匝道车道容量受限

由于设计缺陷，北出口匝道仅为单排车道，且无应急空间，进入路口前无法分出左转、直行、右转的车流，导致各向车流混行降低通行效率。

> **下桥右转与地面直行冲突较大**

下桥右转流量较大,几乎为连续流,但需连续跨越 5 条车道,且与地面直行交通相互交织,安全隐患突出,又影响桥上桥下交通运行效率。

> **由北向东需求加大,绕行交通加剧拥堵**

由于老城区的向心和聚集作用,顺河高架下桥车辆和地面顺河西街车辆由北向东需求日益加大,目前北进口为禁左,车辆只能向南直行到渤海桥掉头,回到经四路南进口右转向东运行,加剧了顺河东街通行压力,运行效率较低。

> **东西向主桥面较窄,存在通行瓶颈**

经四路与共青团路交界处的东西桥面目前仅为双向 4 车道,而以西的经四路为双向 7 车道,城顶路口以东的共青团路为双向 6 车道,为典型的通行瓶颈路段。

图 2　顺河高架与经四路交叉口高峰期间交通流运行情况

优化思路

为最大限度缓解地面拥堵,进一步疏解顺河高架交通,济南交警结合路网条件及交通流运行规律进行调研,确立了如下优化思路:

> 综合考虑周边路网特性,立足于挖掘道路资源潜力,总体上采取交通组织优化措施,辅以配套设施的完善,力求达到"投资小、工期短、见效快",短期内明显改善拥堵现状。

> 针对下桥右转与地面直行冲突的问题,下桥车辆采取禁止右转的措施,右转车辆通过周边路网绕行,即"桥上禁右"策略。

> 针对北向东交通需求日益增大的问题,放开桥上车辆的北向东通行,地面车辆的北向东绕行策略维持现状,以减轻部分交通压力,即"桥下禁左"策略。

> 调整车道功能分布以优化车流交汇区域,同步考虑北口掉头车辆的通行,以及利用率较低的公交专用道的整改。

> 完善交通标志、标线、隔离设施、抓拍设备等配套设施。

优化措施

> **北口匝道下桥车辆禁止右转通行**

由于右转交通流量较大,且需要跨越多排车道进入外侧右转车道,为避免下桥右转车辆与地面直行交织冲突，提高北口整体通行效率，对北口下桥车辆实行禁止右转措施。需右转的车辆可向南直行至经七路右转向西；也可直行到路口提前掉头，向北行驶至普利门桥，掉头向南至经四路交叉口右转向西，或左转通过经二路向西，绕行路线如图3所示的绿色线路。

▶ 北口匝道下桥恢复左转和掉头通行

由于共青团路已调整为西向东单行，交通压力减轻，为均衡路网流量，方便市民出行，恢复北口下桥车辆左转，如图3所示的蓝色线路。同时，调整车道功能，将内侧第一排车道调整为左转加掉头车道，第二排车道调整为左转车道，第三排车道调整为直行。桥下地面道路需左转向东的车辆，需按现行运行规则向南直行至渤海桥，掉头通过经四路交叉口南进口右转向东通行，绕行路线如图3所示的红色线路。

图3 经四路下桥口交通绕行路线布局示意图

▶ 北进口增设掉头开口

为提高北口车辆掉头效率，减少掉头车辆停车等候，同时避免干扰慢行通行，在北口停止线北侧设置掉头口，掉头车辆不受灯控提前掉头。

▶ 取消路口公交专用道

为提高北口顺河西街右转通行效率，减少公交车辆排队对右转车辆的干扰，加之此路段公交车道不连续，运行线路少，道路资源过于浪费，将公交专用道调整为右转专用车道，公交车辆随直行运行。

▶ 完善配套设施，提高车辆通行效率

1）取消顺河西街下匝道信号灯，清除顺河西街停止线。

2）在下匝道落地点处增设"下桥车辆、禁止右转"标志。

3）在下桥车辆排队车道与地面道路车辆排队车道之间安装隔离护栏。

4）设置抓拍设备对违法右转或左转车辆进行抓拍取证。

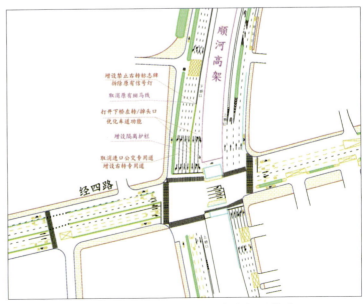

图4 顺河高架与经四路交叉口交通渠化设计图

实施效果

随着以上优化措施的落地，顺河高架与经四路交叉口优化效果显著：

1）极大缓解了出口匝道交通压力，保障高架主线交通流安全有序行驶。

2）理顺了交通组织流线，减少了车流交织，通过线路诱导绕行，提高路口通行能力。

3）合理分配了道路资源，取消公交专用道，提高右转车辆通行效率。

图5 经四路交通优化改造后晚高峰效果图

二环东路与山大北路出入口匝道采取了与经四路类似的优化策略，优化效果同样显著：

1）根据山大北路各个进口方向卡口流量对比分析，南北放行效率提高10%以上，东西放行效率提高18%以上。

2）结合济南市城市交通研究中心建立方案仿真模型，利用现状交通流基础数据进行仿真评估：南北进口的通过量分别提升36%和53%，排队长度分别缩短24%和59%；相关联的二环东路与华龙路交叉口东进口单位小时通过量提升4%，排队长度下降5%，车辆延误下降6%。

a）优化前　　　　　　b）优化后

图6 二环东路匝道交通优化前后对比图

其他措施

针对济南市快速路拥堵现状，济南交警因地制宜，采取了以下多样化的交通管控举措，综合治理高架出入口匝道周边交通运行环境。

▶ 高架警务巡查车道和应急车位设计

高架快速路上若出现事故，应急车辆占用行车道将严重影响高架主线交通流安全有序运行，当发生拥堵、车辆抛锚、车辆失火等突发事件，救援车辆与警车无法及时赶赴事发地点，高峰期短时间内就会出现车辆大量积压。济南交警创造性地将顺河高架单排车道进行瘦身，将路缘带适当加宽，由0.75m调整为2.0m，作为警务巡查车道，专供警务摩托车处置通行。同时，充分挖掘高架路资源，将具备条件的导流线打造为应急车位，便于交通事故的处理，将对道路通行的影响降到最低。目前已在开通运行的二环东高架、二环西高架、北园高架以及二环南高架等快速路施划了86个应急车位，为交通安全提供了充分保障。

图7 济南市特色高架警务巡查车道和应急车位

▶ 匝道车道瘦身提效设计

济南市多处匝道都进行了匝道车道功能优化设计，即通过缩减车道宽度、缩小非行车区的面积来增加匝道车道数，由原来的 1 条车道优化为 2 条车道，提高匝道通行能力，匹配主线车道数，消除瓶颈节点。

图 8　匝道车道瘦身提效设计

▶ 制订交替通行规则，规范合流交通秩序

部分高架入口匝道由单排改为双排后，为最大限度减少对高架主线交通的影响，已在上桥进入主道处施划交替通行合流标线，并增设交替通行标志，规范合流秩序，减少刮擦事故，提高匝道口通行秩序，缓解入口匝道压力。

图 9　交替通行规则

▶ 完善高架信号智慧控制系统

1）空间自适应可变车道控制。通过地磁检测器检测高架出入口匝道路口的直行车辆和左转车辆的排队长度，根据车辆的多少自动改变车道功能，从而均衡道路资源。

2）缓进快出信号控制策略。通过缓行区域内出入口匝道埋设在高架路的检测器判断，当拥堵开始发生时，系统自动控制入口匝道，限制进入高架路的车辆数，避免或延缓高架拥堵的加剧。此外，如果缓行区域内有合适的出口匝道，系统将增加出口匝道的控制力度，尽量疏散下桥车辆，缓解区域内的拥堵缓行。

3）周边路口信号联动控制。通过地磁检测器、大数据等多元数据进行融合分析，将高架周边路口信号控制进行细化，实现周边信号控制路口联动控制，提高周边路网通行效率。

➤ 高架标线"虚实"结合,保障交通安全

一条标线的改变,会大大提升道路通行效率。通过对高架快速路车道线、导流线进行整改,采用"虚实线"结合理念,为车辆安全行驶提供保障。例如二环东路高架北向南方向,山大北路出口匝道前右侧车道的700m虚线改为实线后,规范了行车轨迹和秩序,减少了车辆违法加塞的情况发生,使道路通行顺畅了许多;老虎洞山隧道通往九曲南路处,则把实线改为虚线,满足市民的出行需求。

图10 高架标线"虚实"结合

案例总结

由于经四路出口匝道所处位置的特殊性,其承担的交通量巨大,加之快速路设计缺陷,该出口匝道与地面交叉口间距过近,无法为下桥排队车辆提供足够的变道交织空间,进一步加剧了该处交通恶化,成为城市交通疑难杂症。在交通组织优化过程中,济南市公安局交通警察支队打破传统的思维方式,不局限在某一个节点的交通治理上,而是从区域路网出发,全面考虑交通的协调组织:限行对交通影响较大的桥上右转和桥下左转减少交通冲突、调整交叉口车道功能分布减少车流交织、取消利用率低的公交专用道等措施改善该节点交通秩序,同时对周边路网实施单行交通,分解该节点交通压力,从而提升通行效率。该节点交通组织的经验做法,在其他出口匝道的交通组织上进行了推广应用,也取得了较好成果。此外,济南公安交通管理部门还分析城市快速路管理中存在的难点问题,探索通过对快速路局部路段的微改造,采取"交替通行"、匝道"瘦身"、信号联动、改造应急车道等多种措施,不仅改善了快速路通行环境,提升了通行效率和安全性,而且解决了快速路交通事故快速处理难的问题。

快速路以及进出匝道交通组织优化应重点考虑:

1)快速路出口匝道承载了较大交通流量,超出了衔接交叉口承载能力,在进行交通组织优化时,不能只对问题节点进行改造,而是将影响较大的交通流量,引到区域中交通压力相对较小的道路上,由路网来均衡交通压力。某个节点交通问题的解决,除了在节点本身做文章外,还应积极地探索如何利用区域路网来疏解交通压力,从而解决交通问题。

2)由于快速路交通特性,要解决进出匝道车辆交织引发的交通问题,在对进出口匝道进行交通渠化、完善交通设施的同时,还应加强执法管理,明确进出匝道的通行规则,使进出车辆有序通行,减少车流之间无序交织,才能确保进出匝道通行的高效、安全。

多车道汇入交织区的交通组织设计

引言

在城市道路规划建设中，由于受山地、河流等因素的制约，出现两条或多条道路汇合成一条道路的情形，形成多车道汇入交织区。该区域内由于车道减少、交织区长度不足、道路线形不顺等原因，造成车辆频繁变道、通行不畅等问题，导致道路汇合区成为交通瓶颈，成为交通拥堵、事故频发的堵点、黑点。

重庆市公安局交通管理局对多车道汇入交织区的上游各方向道路的汇入车道，分别实施信号灯控制，并依据上下游交通流量的实时检测数据，分别对上游各汇入车道进行动态组合放行，形成了具有特色的多车道汇入交织区交通组织优化方法，有效缓解了多车道汇入交织区的交通拥堵问题。

本案中介绍的多车道汇入交织区交通组织优化方法，对改善因多条道路汇合形成的交通拥堵、秩序混乱等现象，成效明显，具有一定的推广借鉴意义。

现状及问题分析

重庆市受特定城市发展历史和山水阻隔交通的地理条件影响，形成了"一城三片、多中心组团式"的城市特征，绝大部分组团间依靠桥梁隧道连接，主城区主干路网多以互通立交形式连接，多方向交通流在不受干扰或很小干扰的情况下快速到达桥梁隧道，造成组团间主通道的桥梁隧道节点交通通行需求量大，在早晚高峰期间形成交通瓶颈。

图1 多车道汇入节点交通问题

尤其在桥梁、立交的交织区，交通拥堵严重，主要表现为：多车道汇入节点，车辆争道抢行、变道加塞、违规变道等，诸如此类的交通违法行为进一步加剧了拥堵，极易引发擦碰事故。以黄花园大桥为例，工作日7:00-20:00，黄花园大桥车流量始终保持在8000pcu/h以上，高峰期超过10000pcu/h，远超设计通行能力，同时，车道不匹配造成进入桥面的路段交通严重拥堵，导致与之相连接的城市主干路通行能力下降。

优化思路

1）针对交织区混乱的交通秩序，使用信号灯控制，把车流阻拦在交织区以外，先规范交织区的通行秩序。

2）然后根据下游出口的"容量"大小即车道数来确定上游各个进口的放行方式。

3）最后合理分配上游各个进口的放行量（即绿灯时间），达到交通流均衡疏导的目的。

在此思路基础上，多车道汇入自适应控制应运而生：采用车道控制+自适应控制相结合的方式，将交织区上游每一个车道进行单独控制，各个车道之间可以任意组合放行，再以路口上、下游各个断面的检测信息作为支撑，这样既解决了放行时间过多造成下游"吃不下"的问题，又解决了放行时间不足造成下游"吃不饱"的问题。

设施设置

在汇入点上、下游布设检测设备，根据检测设备收集的信息，对汇入各个进口的车辆实行实时分车道控制，分离瓶颈路段交织冲突，规范行车秩序，确保上、下游通行能力匹配，降低交通事故发生概率，提高瓶颈路段行车速度，提高通行效率。相关设施主要包括：

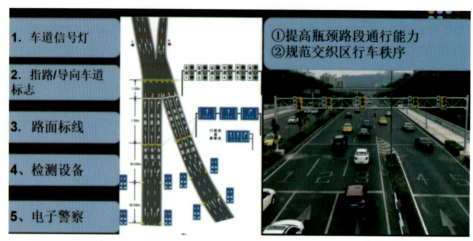

图 2　多车道汇入自适应控制相关设施

➤ 分车道指示信号灯

作用： 用于指示某一车道上的车辆通行或停止。
位置： 各进口停车线前方，距离停车线不小于 20m。
要求： 一个车道一组方向指示信号灯；灯具发光面正对车道（导向箭头）。

➤ 车道信息告示标志

作用： 告知车辆驾驶人本车道所对应数字编号，提示驾驶人按数字编号对应的信号灯指示通行。
位置： 标志并排于信号灯灯具左侧。
要求： 文字内容为"车道+阿拉伯数字"；白底、黑字、黑边框；标志版面规格与信号灯等高、等宽。

➤ 导向车道标志

作用： 指示车辆驾驶人按车道对应的方向进入导向车道。
位置： 进入导向车道前适宜位置。
要求： 宜采用门架支撑方式；标志垂直投影正对车道；标志版面符合 GB 5768.2—2009《道路交通标志和标线》及 GB 51038—2015《城市道路交通标志和标线设置规范》的规定。

➤ 指路预告标志

作用： 提示车辆驾驶人按车道对应的方向进入导向车道。
位置： 分道指路标志之前适宜位置。
要求： 宜采用门架支撑方式；条件受限时，可采用单立柱或者附着式支撑方式分设道路两侧。可设置 2~3 组，每组间距 50~100m。

▶ 导向车道线

作用：指示车辆驾驶人进入导向车道后不可变道。
位置：各方向进口道。
要求：长度不小于 50m，可根据道路条件、车流量等因素适当延长。

▶ 路面文字标记

作用：告知车辆驾驶人本车道所对应数字编号，提示驾驶人按数字编号对应的信号灯指示通行。
位置：导向车道内及进入导向车道前路段。
要求：文字内容为"车道 + 阿拉伯数字"，纵向排列；每个进口方向 2~3 组；道路较长时，也可增加路名信息。

▶ 交通状况检测设备

作用：通过检测进出口道路车流量、车速、排队长度等数据，根据交通状况实时自动优化信号灯配时方案。
位置：一般设置在停止线前、导向车道起点、下游瓶颈路段设置检测设备，还可在上游路段远端增设部分检测设备。
要求：检测设备的类型、设置位置、数量、检测数据等，需根据路口不同的控制策略选定，应满足信号灯智能化控制需要。

▶ 闯红灯违法记录仪及变道抓拍设备

作用：自动抓拍车辆闯红灯违法和违法变道行为。
位置：符合 GA/T 496—2014《闯红灯自动记录系统通用技术条件》、GA/T 497—2016《道路车辆智能监测记录系统通用技术条件》的规定。
要求：符合 GA/T 496—2014《闯红灯自动记录系统通用技术条件》、GA/T 497—2016《道路车辆智能监测记录系统通用技术条件》的规定。

案例分析

重庆交警目前已在渝中区黄花园大桥南桥头、袁家岗立交、江北区朝天门大桥北桥头等 10 余处交通流量大、高峰期易拥堵的多车道汇入路口实施了信号控制，并设置了清晰明确的车道标志、标线和视频抓拍设备。

【案例一】渝中区黄花园大桥南桥头

渝中区黄花园大桥南桥头主要有三个方向（黄花园大桥江北方向、渝中区大溪沟方向、渝中区临江门方向）共 5 条车道的车流汇入 2 车道的石黄隧道，车道汇流区长度为 100m，且汇流区右侧有 1 道路连接。该条道路是连接主城区南北向的城市主干道，横跨嘉陵江、长江，连接渝北区、江北区、渝中区和南岸区，日常交通流量大，高峰时段路段段交通瓶颈现象特别明显、交通秩序混乱、通行缓慢。

存在问题：黄花园大桥江北方向直行车、渝中区大溪沟方向和渝中区临江门方向匝道汇入车辆、汇入区右转车辆等多股车流互相干扰，互不相让，导致汇流点交织冲突、车辆争道抢行。

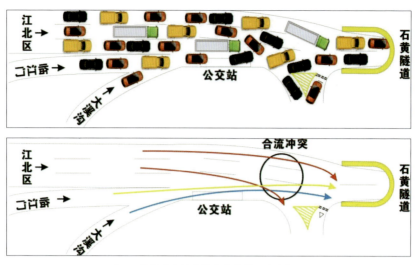

图3 黄花园大桥南桥头多车道汇流冲突图

实施方案：

1）在车道汇流口设置 5 组信号灯，对黄花园大桥江北方向的 2 个直行车道和 1 个右转车道分别控制，对渝中区大溪沟方向和渝中区临江门方向汇入匝道的 2 个车道分别控制。保证汇流区车辆不产生交织冲突、汇入车道数和下游车道数匹配。

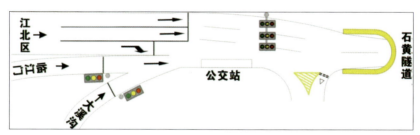

图4 黄花园大桥南桥头多车道汇入自适应控制示意图

2）根据上下游检测的车流情况，实时动态调整信号控制方案，规范汇流区通行秩序、提高路段通行效率。

图5 黄花园大桥南桥头多车道汇入自适应控制通行情况

【案例二】 江北区朝天门大桥北桥头

朝天门大桥北桥头主要有三个方向（朝天门大桥方向、五里店方向、五福路方向）共8条车道的车流汇入3车道的五红路，车道汇流区长度为150m，且五福路也为出口。该条道路连接江北区和南岸区的主要通道，日常交通流量大，高峰时段路段交通瓶颈现象特别明显、交通秩序混乱、通行缓慢。

存在问题： 朝天门大桥方向、五里店方向、五福路方向多股车流交织，互相干扰，导致汇流点交织冲突、车辆争道抢行。

图6 江北区朝天门大桥北桥头优化前实景

实施方案：

1）在车道汇流口设置7组信号灯，对朝天门大桥方向的2个直行车道和1个右转车道分别控制，对五里店方向的2个直行车道和1个右转车道分别控制，对五福路2个车道一起控制。保证汇流区车辆不产生交织冲突、汇入车道数和下游车道数匹配。

2）根据上下游检测的车流情况，实时动态调整信号控制方案，规范汇流区通行秩序、提高路段通行效率。

图7 江北区朝天门大桥北桥头优化后实景

【案例三】 江北区洋河立交

洋河立交为五红路、紫荆路两条道路相交而成，为简易上跨桥立交（五红路上跨），共4个车道汇入红旗河沟立交方向3车道，汇流区约150m。该道路是江北区东西方向主要通道，日常交通流量较大。

存在问题： 汇流处车道减少；出口方向（红旗河沟方向）易发生堵塞回溢现象；汇流点距离洋河立交平交路口较近，易造成平交路口秩序混乱。

实施方案：

1）在上跨桥2车道分别控制，保证汇流区车辆不产生交织冲突、汇入车道数和下游车道数匹配。

2）根据上下游检测的车流情况，实时动态调整信号控制方案，规范汇流区通行秩序、提高路段通行效率。

图8 江北区洋河立交多车道汇入自适应控制

实施效果

1）多车道汇入自适应控制有效解决了交织区车辆无序通行问题。

2）多车道汇入自适应控制提高了出口车辆运行速度。重庆市城市建设研究中心统计分析的路网"平均车速"显示，采用多车道汇入自适应控制后，将高峰期平均车速从18km/h提高到25km/h。

3）多车道汇入自适应控制提高了交织区通行效率。据高德地图统计分析的路网"延时指数"显示，采用多车道汇入自适应控制后，将高峰"延时指数"从平均4.5降低到平均2.5以内。

4）交通事故数量大幅下降。辖区交巡警支队统计的交通事故数量，从平均4起/天降低到0.4起/天。

重庆日报、晚报、商报、晨报、华龙网等重庆主流媒体对多车道汇入自适应控制进行了专题报道，各大媒体纷纷转载，引发社会好评。

图9　主流媒体专题报道

案例总结

文中介绍的三个案例，都是典型的多车道汇入交织区，其共性特点是车道减少、车辆频繁变道、秩序乱、通行慢，这些也是此类区域的典型问题。重庆市公安局交通管理局针对该区域存在的问题，根据交通流量的实测变化数据，实施上游汇入道路分车道信号控制，其核心是在保持道路空间不变情况下，利用时间差来解决交织冲突问题，保证交织区的车辆依次有序通行，从而提升通行效率。

改善多车道汇入交织区通行秩序、提高通行效率的交通组织设计可从分车道控制入手，主要应考虑：

1）在对多车道增设信号灯的同时，还应完善相关指引标志、地面标记，特别是上游预告指引。通过加强指引，确保驾驶人选择正确车道并提前进入，避免在进入控制区域后，因选择错误而频繁变道。

2）在放行过程中，要检测上下游的交通流量，根据路段交通流量的变化，对上游车道进行动态组合放行，保证上游放行交通流量能够与下游路段的承载能力匹配，避免出现下游"吃不饱"或是"吃不下"的问题。

3）在对上游进行信号控制时，还应考虑上游路段是否有足够的存车空间，避免车辆在红灯等候过程中，因流量过大，造成上游溢出。

4）由于放行过程中，是根据流量数据来对上游放行车道进行自由组合的，因此在组合过程中，应避免出现冲突相位。

重点片区交通组织

大型综合医院区域交通组织
"护学通道"破解中小学交通问题
老旧住宅小区"微循环工程"
旅游景区周边道路交通组织优化
景区预约通行管理
地铁施工区域交通组织

大型综合医院区域交通组织

引言

综合性医院是高水平、专业性强的医疗服务单位,是一个城市重要的人流、车流集散点。但是因为前期规划前瞻性不足,很多综合性医院在规划建设之初,并未对进出交通进行完善的系统性规划,甚至一些医院的出入口紧邻城市主干路,造成了上下班高峰期、就诊高峰期和探视高峰期的交通流量叠加,导致医院周边路网交通压力过大。加之由于规划的配套停车泊位不足,医院就诊、探视产生的大量停车需求无法满足,周边区域随意停车、占道停车排队等现象普遍,很大程度上干扰了周边区域交通通行。

成都市华西医院日均接诊流量巨大,且医院位于成都市核心区,受路网条件限制,医院周边停车困难、交通拥堵、人车交织等问题显著。成都交警通过优化区域交通组织、推动公交优先、盘活停车资源、提升慢行交通环境等措施,显著改善了华西医院周边交通状况。

本案例介绍的解决思路及方法,为各城市位于中心城区医院的交通拥堵状况改善提供了参考。

现状及问题分析

华西医院建院120多年,是我国西部疑难危急重症诊疗的国家级中心,也是世界最大的综合性单点医院,医疗水平综合排名全国第二。华西医院位于成都市中心的南北轴线旁、老城区"两纵两环"内,日均吸引人流8万人次以上,每天就医车辆超过8000辆,停车困难、通行不畅、人车交织的现象较为显著,区域交通异常拥堵并呈恶化趋势。

图1 华西医院区位及特点

华西医院片区主要存在以下问题:

▶ 路网贯通性较差

华西医院位于浆洗街、人民南路、一环路、临江西路围合的区域,周边主要道路有电信路、公行道、冀门后街、冀门街、国学巷、金陵横路、电信南路、小天竺街、桓侯巷。医院共设有机动车入口1处、机动车出口1处、应急消防出入口1处、急症出入口1处,周边道路均为车行道宽度14m及以下的一块板道路,通行能力严重不足,尤其是进入华西医院停车场的唯一通道——电信路,交通压力极大。且各道路之间的连接性较差,通达能力不足,具备一定的交通组织难度。

图2 华西医院周边路网及出入口

➢ **停车位严重不足**

据华西医院提供数据，华西医院日吸引人流量约8万人次，按照小型汽车出行比例35%、承载率2.1、周转率2.5计算，医院共需停车位5300个，但医院目前可提供的公共停车位仅800个，车位缺口约4500个。周边分散的六个路外停车场共计约有800个停车位，路内停车位240个，车位缺口还有2460个。

➢ **排队就医车辆影响交叉口正常通行**

电信路与黉门后街交叉口为"Y"字形路口，由于路口距位于黉门后街的医院机动车入口不足50米，排队等候进入医院的车辆长时间堆积路口，影响车辆正常通行，而且人车干扰极大，路口秩序混乱。

图3 入院车辆排队影响交叉口秩序

优化思路

为最大限度保障就医通道畅通，成都交警对这一"史上最堵顽疾"形成"组合疗法"：

➢ **优化进出医院交通组织流线**

根据医院周边道路等级低、宽度窄、通行能力不足的实际，选择部分道路合理组织单向交通；优化医院出入口位置，给予车辆足够的排队空间，减少其对交叉口交通流的影响。

➢ **明确道路功能定位，分离过境交通流**

利用医院出入口的调整，减小电信路等重点拥堵路段的交通压力，配合单行措施，形成过境交通流通道；通过规定车道功能，明确到达性交通即就医交通流专用通道。两者配合，分离过境交通流和就医交通流。

➢ **深化公交优先，增加公交出行比例**

通过设置公交专用道、开设接驳巴士等方式降低私家车出行比例，减少片区停车需求；优化公交站点设置位置和公交站点名称，提升公交吸引力，明确站点指向性。

➢ **细化停车路径诱导，均衡路网压力**

通过设置停车位显示屏，引导车辆停至车位尚有剩余的停车场，避免因车位不足排队等候的情况；将就医车辆精准诱导至外围停车场，通过外围停车削减医院片区交通总量，均衡路网压力；规定禁停区域，规范临时停车秩序。

➢ **提升慢行交通出行环境**

由于就医群体的特殊性，需要保证足够的人行道宽度、非机动车道宽度，保证行人过街需求，为慢行交通出行提供清晰的交通语言指引。

优化措施

▶ 周边道路单向交通组织

华西医院周边多为车行道宽度14m以下的道路，考虑到非机动车通行空间，当机动车双向行驶时，单向仅有一车道，通行能力较低，双向流量已达饱和状态，无法满足道路交通需求。通过对华西医院东侧及北侧道路的道路条件、通行条件的分析，均满足 GA/T 486—2015《城市道路单向交通组织原则》中关于实施单向交通的条件，故对电信路及国学巷采取由南往北的单行措施，对黉门后街采取由东向西的单行措施，最大限度提升道路通行能力，确保片区交通顺畅流转。

图4　华西医院周边单行交通组织示意图

▶ 优化医院进出口位置

协调华西医院将医院机动车入口调整至原出口处、将医院机动车出口调整至原入口处。一是配合电信路单行措施，将入院排队的车辆转移至电信路南段，提供充足的排队空间，可以缓解电信路与黉门后街交叉口因入院排队车辆造成的通行困难、秩序混乱；二是配合黉门后街单行措施，使驶离医院的车辆向西快速疏散，避免在电信路排队通行；三是由于电信路北段交通压力的释放，公行道、电信路北段、国学巷可形成一条通过性车辆的快速通道，吸引通过性车辆利用公行道进行转换，分流通过交通即过境车辆和到达交通即就医车辆，让通过性交通更快，到达性交通更顺。

图5　华西医院出入口调整示意图

▶ 设置专用车道

1）专用就医车道。按照交通特性精准确定道路功能，在电信路上设置2条就医车道，通过施划地面文字标记，明确车道使用性质，电信路主要承担就医到达性交通功能，临近的公行道明确为分离过境交通及部分停车场的到达功能。

2）公交专用道。为了确保公交车的快速通行及片区交通的顺畅，配合电信路单向交通，在两条就医车道右侧设置为白天时段"7：00-20：00"的公交专用道，配套电子警察对公交专用道进行管理，提升公交车通行效率。

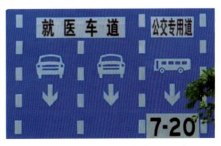

图6　专用就医车道及公交专用道设置　　图7　电信路分车道指示标志

▶ 调整公交站点位置及站点更名

调整公交站点位置,使其更靠近医院行人进出口,并推动站点更名,在华西医院周边停靠的站点名称更改为"华西医院门诊站""华西医院急诊站",增强公交就医的指向性和吸引力;将四川大学华西校区东校区的地下停车场更名为"华西公行道停车场",增强就医车辆外围停车的意愿。

▶ 增开专线巴士

协调增开 3 条专线巴士,加强与地铁、BRT 快速公交接驳,完善公交全过程出行链。

图 8　华西医院公交站点及停车场更名　　　　图 9　华西医院专线巴士

▶ 地下通道 + 摆渡车实现外围停车

充分利用华西坝地下空间修建四川大学华西校区地下停车场与华西公行道停车场地下通道,实现外围停车与医院之间的快速穿梭、便捷转换,削减医院片区交通总量,缓解地面拥堵;同时协调市交投集团在地下通道内开设 5 台免费摆渡车,采用滚动发车的方式将就医群众摆渡至公行道,将 10min 的步行时间缩短为 2.5min,方便群众就医。

图 10　停车场之间地下通道 + 摆渡车

▶ 规定禁停及临时停车区域

撤除占道停车位,在医院大门附近设置 6 个"就诊临停、即停即走"车位,发挥出租车、网约车对公交的补充作用;在电信路急诊科位置设置禁停区,确保急救车辆通行,保证生命通道畅通。

图 11　即停即走区域、急诊禁停区

▶ 智慧停车诱导

深化互联网＋交通出行服务，与百度地图合作，实时共享医院周边停车信息，依托智能交通信息屏动态发布信息，精准引导群众出行：一是将人民南路以东、一环路以南的车辆诱导至华西公行道停车场位于人民南路的入口；二是当电信路出现交通拥堵时，将临近车辆的导航路径调整至经公行道行驶至华西公行道停车场入口。

图 12　停车诱导规避拥堵

▶ 慢行交通提升措施

1）增加行人通行空间。统筹华西医院内外交通一体化设计，拆除医院围墙，增加人行道宽度，破解行人通行空间不足问题。

2）设置斜穿式人行横道。华西医院正门作为行人的主出入口，白天人流量巨大，且行人斜向穿越交叉口需求较大，部分时段交叉口一个直行信号无法使本方向的等候人群全部横穿通过路口，为此精细设置斜穿式人行横道，同时增加行人过街专用相位，确保行人以"最短距离、最短时间"安全过街。

3）完善医院片区慢行指路系统。在院内外分别设置指向华西医院门诊、急诊、住院部及不同方向可通达道路的慢行指路系统，为群众步行、骑行或公交出行提供清晰的交通语言指引。

图 13　斜穿式人行横道　　　图 14　医院周边慢行指路系统的设置

实施效果

▶ 道路服务水平提升明显

实施前，电信路服务水平长时间处于"F"级，交通拥堵极为严重；实施后，电信路高峰时段服务水平为"B"级，交通较为平稳，平峰时段服务水平为"A"级，交通状况良好。

▶ 公共交通分担率提高 2%

新增的 3 条专线巴士每日客流量从初期的 690 人次增加至 1500 人次；公交专用道使用后，公交车运营速度明显提高，高峰周转时间缩短 30%，配车数减少 15%；网约车早晚高峰在华西医院片区订单量同比分别提高 10% 和 15%。

▶ 拥堵指数明显降低

实施后华西医院片区的平均拥堵指数由 4.27 降低至 1.73，拥堵最为严重的电信路全天（6:00-18:00）拥堵指数峰值从 14.58 降低至 5.0 以内。

图 15　实施前医院周边交通情况　　　　　　　图 16　实施后医院周边交通情况

案例总结

　　成都市华西医院是我国西部疑难危急重症诊疗国家中心，也是世界最大的综合性医院之一，就诊人流量、车流量巨大是必然的。医院位于城市中心区，周边区域内的道路狭窄、路网通达性差，加之由于规划欠缺，医院配套停车泊位严重不足，造成了医院区域交通拥堵问题显著。成都交警根据医院周边道路狭窄、通行能力低、就诊排队车辆占道等交通特点和问题，通过对路网实施单行、调整医院出入口位置、施划就医专用通道等措施，将就诊车辆与通过性车辆进行分离，为就诊车辆提供足够排队空间，同时还能保障道路畅通性；通过与公交公司合作，调整公交站点位置及站点更名，开通就医专线巴士，鼓励就诊、探视人员选择乘坐公共交通出行，削减了片区交通总量；为缓解停车难，交警部门协调盘活片区外围的停车资源，利用"摆渡车＋智慧停车诱导"，方便就医车辆外围停车、人员接驳就医，从而缓解片区内的停车压力。

　　大型综合医院交通组织优化应重点考虑以下方面：

　　1）就医车辆的大量涌入，与片区内通过性交通相叠加，是引发医院片区交通拥堵的主要原因。因此，将就医交通与通过交通进行分离，能改善道路通行秩序，提高通行效率。本案例中，管理部门依据路网结构，通过实施单行交通、调整医院出入口位置、为就诊车辆提供专用车道等措施，将就诊车辆与通过性车辆分隔，既为就诊车辆提供了足够排队等候空间，还保证了通过性交通能够快速通行。

　　2）医院停车资源紧张时，可考虑协调使用周边的公共停车资源来缓解停车矛盾，但外围停车会增加就诊人员步行距离。考虑就诊人员的特殊性，在本案例中，成都交警采用开行"摆渡车"方式，为外围停车就诊人员提供通行便捷服务，值得借鉴。

　　3）发挥智能停车诱导服务作用，及时为就诊人员推送停车信息。有条件的地方，可以考虑提供车位预约服务，让就诊车辆能够快速停车入位，避免车辆为寻找车位巡游而增加无效交通，更能充分利用停车资源。

　　4）积极推动便捷公共交通服务，吸引更多就诊人员乘坐公共交通，削减片区交通压力。在此案例中，通过构建便捷的公交无缝换乘，吸引了就诊人员选择公交出行。

　　5）在一些大型综合医院，由于规划缺失、内部管理不到位等原因，医院就诊通道、诊疗科室、住院部等区域，往往会分散设置。如不对医院区域内进行清晰指引，就诊、探望人员在片区内为寻找目的地，会在各车行通道上随意穿行，造成秩序混乱、存在安全隐患。在本案例中，成都交警配套对医院慢行交通系统进行了提升，实现行人"最短距离、最短时间"到达目的地。

　　6）在对医院片区进行交通组织设计时，还应同步考虑医疗急救通道设置以及发生交通拥堵时的应急救援车辆通行预案设置。

"护学通道"破解中小学交通问题

引言

中小学上放学时段,学校周边道路交通拥堵、秩序混乱等交通问题,逐渐成为城市普遍现象。同时,混乱交通状态使得刮擦、碰撞等交通事故时常发生,对中小学生的人身安全带来了一定的威胁。中小学上放学期间的交通问题,得到了很多城市的重视,公安交通管理部门积极探索解决问题办法:如实施错峰上放学,减小道路交通压力;利用有限的道路空间,增加临时停车泊位,满足接送车辆的停车需求;校车进校,将校车车流与接送车流分离,缓解道路交通压力等,都取得了一定的效果。但是,在一些城市老城区,由于道路资源不足、挖掘潜力有限,如何缓解上放学期间交通压力,成为难点。

柳州市弯塘路小学周边的道路资源极其有限,且处于学校集中区,上放学期间,停车供需矛盾突出、学生交通安全隐患大。针对弯塘路小学情况,柳州交警通过设置"护学通道"、利用学校周边空地设置接送点的方法,将交通矛盾由学校周边转移到交通影响不大的路段,从而缓解了学校周边的交通压力。

在本案例中,柳州交警创新提出的"交通转移、拥堵位移"组织思路,既缓解了交通矛盾的激化,又满足了实际上放学接送需求,值得参考借鉴。

现状及问题分析

弯塘路小学位于柳州市城中区弯塘路北段,弯塘路为城市支路,道路长850m,一块板断面形式,道路红线宽20m,双向两车道;道路横断面标准宽度为:机动车道宽9m,非机动车道宽3m,人行道宽8m,道路设计速度为30km/h。弯塘路小学周边多个学校汇集,上放学高峰期间停车供需矛盾突出,学生交通安全存在较大隐患。

柳州市公安局交通警察支队首创"护学通道"破解学生上放学交通拥堵问题,提升道路交通畅通和安全。

"护学通道"建设前的交通状况为:

图1 弯塘路小学区位

➢ 学生安全通行系统不完善

以柳州市城中区弯塘路为核心的区域,学校分布密集,不到1km²的区域分布着市区5所重点小学和幼儿园,师生近1.2万人。学校周边紧邻柳州市繁华商业圈,学生出行需求大,缺少有效的、独立的学生出行系统。高峰期沿机动车道、非机动车道、人行道均有较多的占道停车,接送学生车辆临时停靠,挤占车辆、行人通行空间。学生乱穿道路现象较为普遍,对道路交通流影响明显,安全隐患突出。

图2 弯塘路学校分布情况

➢ 校园周边道路"潮汐式"交通流明显

由于中小学校教育资源分布不均衡,学生跨区择校就读现象较为普遍。城市早晚高峰车流与接送学生车流叠加,学生上放学以电动自行车接送和私家车接送为主要交通出行方式,私家车接送学生占全校学生出行的 65% 以上。早晚高峰时段 40min 内,弯塘小学接送学生机动车达 1500 辆、电动自行车 500 辆,给学校周边道路带来了高强度的交通流压力。在较短的时间内大量车辆、行人聚集,引发交通拥堵,机动车行驶速度仅为 5~10km/h。

➢ 学校周边道路基础设施条件不佳,交通服务水平低

柳州市城中区学校主要分布在映山街、连塘路、文惠路、公园路、弯塘路、青云路繁华商业中心聚集地,道路狭窄弯折,道路等级和通行能力较低,停车设施严重不足。混乱的停车秩序形成交通拥堵瓶颈,严重影响其他车辆正常通行,学校周边混乱不堪的交通秩序极易引发交通安全事故。

➢ 家长交通安全意识较为淡薄

上放学期间,接送小孩的私家车常滞留在校门口及周边,车辆随意占用车行道、人行道,违法停车、掉头现象较多,对交通警察的管理不配合,甚至抱怨抵触和指责现场执勤交警,频繁引发交通拥堵问题,交通安全隐患极大。

➢ 部分学校周边交通管理和安全设施不完备

在学生上放学期间,学校周边人行道被大量非机动车和电动自行车侵占,或被沿街摆卖的商贩货摊占据,使步行上下学的学生没有足够的安全步行空间。学校门口附近人行横道标志不明显,标线不清晰,缺少行人过街信号灯,缺少有效的管控措施和完备的交通安全设施体系,使得学生上下学的安全性和便利性无法得到保证。

柳州市弯塘路小学周边道路交通秩序较为混乱,交通拥堵现象常发,交通安全得不到有效保障,柳州交警意识到治理校园周边道路交通混乱问题已迫在眉睫。

优化思路

➢ 交通转移、拥堵位移

根据现有道路条件,因地制宜,运用交通转移、拥堵位移的原理,利用学校周边可用空间,划定停车场所或停车区域作为学生上放学接送集中点,把原来在学校门前停放的车辆,转移到对交通影响不大的地方,缓解学校门前交通拥堵的状况。

➢ 设置接送点和步行通道

在学校大门与接送点之间的人行道上用护栏隔离出专门的学生步行专用通道,连接学校和学生接送点,将学生与车流进行物理隔离。完善学校周边道路工程设施和交通安全设施,为学生提供安全、便捷的上放学交通环境。

上学时间,家长驾车将孩子送到集中等候区,孩子沿着"护学通道"直接进入校园。放学时间,孩子出校门后通过"护学通道"到达集中等候区,家长驾车到集中等候区接孩子离开。这样既能保障孩子上下学的安全,还能培养孩子的独立意识,让孩子学会安全出行。

优化措施

满足 GA/T 486-2015《城市道路单向交通组织原则》关于实施单向交通的条件，且实施后能够保障机动车和非机动车的正常通行，同时又能提供部分路内停车位。根据前期单向交通组织方案，按照国标规范设置单行路标志、停车位标线、禁停标志、单行通告标志牌等，确保交通组织方案正常运行，引导车辆有序循环通行。

▶ 学生专用步行通道

在弯塘路小学门前人行道上利用交通隔离护栏，用物理隔离的方式隔离出长约 200m、宽约 2m 的学生专用步行通道，并在通道两头设置醒目的提示牌。

图 3 学生专用步行通道

▶ 学生集中等候区

用交通隔离栏在学生专用步行通道的末端围合成 300m² 独立的学生集中接送区域，并在等候区设置醒目的提示牌，为学生上下学专用等候区。

图 4 学生集中等候区

▶ 接送车辆停车位

在临近学校周边选取一开敞空间用物理设置进行隔离形成学生集中等候区，等候区附近施划一定数量的机动车临时停车位，用于家长驾车接送孩子临时停放。

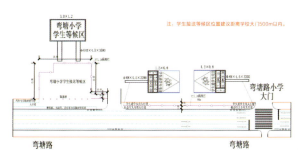
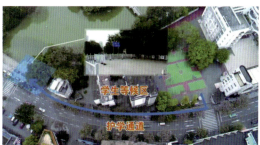

图 5 学生通学专用道设置图　　　　　　　　图 6 护学通道设置实景

实施效果

弯塘小学"护学通道"启用后,实际效果显著,得到广大学生、家长、老师以及社会的好评和关注。学校2300名学生、4400名家长、130名教职工共享了"护学通道"建设成果,主要体现为:

▶ 解决了学生上放学的安全问题

"护学通道"使学生能够安全往来于学校和临时停车位之间,避免学生追逐打闹误入机动车道引发交通事故。

▶ 规范了校园周边道路的秩序问题

"护学通道"使家长能够放心把孩子放在等候区,减少了在学校门前停车造成的交通拥堵,使接送车辆乱停现象大为减少,提高了该路段的畅通程度。

▶ 节约了家长的接送时间

"护学通道"启用前,由于道路拥堵和秩序混乱,上放学高峰段接送学生需要将近一个小时,而"护学通道"启用后只需30min就能接送完毕。由于启用"护学通道",家长可以通过校讯通,掌握接送孩子的时间以及停车的地点,迅速将学生接离学校,路段畅通程度大大提高。

▶ 减轻基层民警压力

"护学通道"规范了学生上放学出入校门的交通行为,同时也改善了学校周边道路交通秩序。弯塘路机动车通行速度由原来的5~10km/h提高到20km/h左右,学生交通安全系数明显提高,辖区交通民警在上放学交通高峰时段费时费力的指挥工作向高效有序的疏导分流转变。

整改前的通道

整改后的通道

放学后老师组织学生到等候区

学生在等候区等候家长

图7 实施效果图

"护学通道"投入使用后获得学校、学生及家长的一致好评,引起社会各界的高度关注。中央、自治区、柳州市多家新闻媒体给予了正面而积极的翔实报道,获得国家"畅通工程"检查工作组专家的高度肯定,取得了良好的社会效应,并被评为全国平安校园建设优秀成果三等奖。"护学通道"建设以设置护栏和相应标志标线为主,建设平均费用在10万元左右。鉴于该举措投入小、可复制、成效大的优势和特点,2015年公安部实施的GA/T 1215-2014《中小学与幼儿园校园周边道路交通设施设置规范》中,吸收和借鉴了柳州市护学通道路建设成果,明确提出"校园周边道路可设置永久或临时性学生步行专用通道"。

图 8 GA/T 1215-2014 的相关规定

推广应用

通过各部门紧密配合,柳州市逐步在市内有条件的学校周边全面推广设置"护学通道":2015年,在市区范围内10所中小学校建成了"护学通道";2016年,柳州市人民政府将"护学通道"工程建设列入十大为民办实事项目,新增加20所中小学校的"护学通道"。

目前柳州市已在30所中小学及幼儿园建成"护学通道",平均每所学校约2000名师生,至少有超过20万的师生及家长在"护学通道"带来的便利中直接受到影响和教育,全市交通参与者文明交通意识明显提升,成为"警校联动"机制惠及民生的典范举措。

图 9 柳州市潭中二小护学通道建设

图10 柳州市河西小学护学通道建设

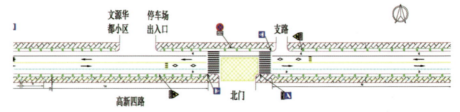

图11 柳州市景行小学总部北门两侧护学通道示意图

案例总结

弯塘路小学在柳州市城中区，所在区域为学校集中区，上放学期间，周边接送交通需求较大，停车矛盾突出。同时，由于弯塘路小学周边道路为城市支路，没有更多的空间用于施划停车位来解决接送车辆的停车需求。如按照传统做法，仅对学校门前路段进行交通组织，弯塘路小学的接送矛盾仍然集中在学校区域，在交通资源有限情况下，并不能有效解决问题。因此，柳州交警采用了转移矛盾的方法，利用周边有利用空间、交通压力不大的区域，设置集中接送点和停车区域，将学校门前的交通矛盾转移到交通影响不大的地方，从而缓解学校周边的交通压力。同时，为保证学生能够安全到达接送点，在人行道上设置学生专用"护学通道"，实现人车隔离，保障学生通行安全。

交通转移、拥堵位移是破解中小学接送难题的妙招，实施"护学通道"是一种典型措施：

1）柳州交警提出的交通转移、拥堵位移的思路，其实是将上放学期间的接送需求，从对交通影响较大区域转移至交通影响不大的区域，在可利用的空间中，通过施划停车位、集中接送等措施，规范接送秩序、解决接送需求。

2）学校与接送点之间，必须设置与社会交通隔离的"护学通道"，并有专人引导，保证学生从学校到接送点的通行安全。

3）"护学通道"模式需要利用一定的空间资源，因此在实施过程中应积极争取政府、学校及相关单位的支持。

老旧住宅小区"微循环工程"

引言

城市老旧住宅小区一般位于城市中心区，建筑密度高、居住人口密度大，加之周边生活配套设施相对比较完善，所以老旧住宅小区往往是交通流的发生源、吸引源。但由于小区内的交通基础设施落后，如道路狭窄不适合机动车通行，停车位缺乏造成小区停车难，所以老旧住宅小区内部交通不能很好适应城市机动化发展，造成了一系列交通问题。为改善老旧小区交通问题，提高居民的出行安全性和舒适性，成为很多城市交通管理部门面临的难题。

本案例中的朝晖花园小区是南通市区的一个老旧住宅小区，由于小区内道路狭窄、停车位缺口大，导致小区内部交通混乱、车辆乱停乱放，进而波及周边道路通行。南通市公安局交通警察支队针对该老旧住宅小区交通问题，通过优化内部交通组织、挖掘停车资源、加强宣传引导，不仅缓解了小区交通问题，还为居民营造了一个安全有序的生活环境。

案例中介绍的对老旧住宅小区内部交通循环改造、生态停车位的挖掘以及停车位置换等交通改善措施，为老旧住宅小区改善交通秩序、提升环境品质提供了借鉴思路。

现状及问题分析

图1 朝晖花园小区地理位置

新城桥街道朝晖花园小区位于南通市崇川区，城山路、虹桥路、跃龙路和江纬路合围区域。小区西出入口位于跃龙路，跃龙路现状为双向四车道的一块板道路，中心设置隔离护栏，早晚高峰交通饱和度为0.74；小区北出入口位于虹桥路，虹桥路为双向四车道的三块板道路，两侧采用绿化隔离，早晚高峰交通饱和度为0.71。

a）跃龙路　　　　　　　　　　b）虹桥路

图2 优化前路段实景图

早高峰时段主要存在以下问题：

▶ 停车位缺口大

城市规划设计对居民停车需求估计不足，2004年版《南通市区城市规划管理技术规定》的"居住建筑停车位最低控制指标"仅为"一类居住区小汽车1辆/户；二类居住区小汽车0.4辆/户"，指标偏低，难以满足私家车停放的需要。面对迅猛发展的私家车停车需求，缺口日益拉大，矛盾不断加剧。朝晖花园小区现有住户1480余户，机动车保有量1127辆，现状建筑配建停车位仅592个，内部停车位缺口为535个。

图3 小区停车位缺口大　　　　　图4 小区白天、夜间停车实景图

▶ 内部交通组织不合理

小区现状通道宽约8m，局部路段为7m，且实行双向交通组织，内部会车困难，当车辆有在道路短暂停留、长时间停车或剐蹭事故等情况，通道通行效率大幅下降，在出行早晚高峰期间尤为明显。

图5 小区内部道路双行导致效率低下

▶ 车辆乱停乱放影响周边道路效率和安全

因停车位紧张，住宅小区乱停车现象十分普遍，有的挤占绿化带，有的堵塞通道，影响其他车辆出入，内部通行拥堵指数较高，波及周边支路且互为干扰，造成路网运行效率下降。此外，因停车堵塞小区通道，小区交通事故、交通拥堵的接警量居高不下，成为社会关注和热议的焦点。

图6 小区内部及周边道路交通阻塞

优化思路

针对上述突出问题，南通市公安局交通警察支队决定实施住宅小区通畅工程，逐步改善小区通行条件和停车秩序。

▶ 优化交通组织流线

针对小区内部双向通行道路带来的问题，选择部分满足单行条件的道路，实施单向交通，打通小区内部微循环，配套完善的交通设施进行有效引导。

▶ 增加停车供给

利用单行路剩余空间设置单侧停车位,依据不同的道路宽度选择合理的车位布置形式;不减少绿化面积的同时建设生态停车场;设置周边道路时段性占道停车位进一步增加停车供给。

▶ 建立合理的管理体系

宣传引导居民文明行车、规范停车,巡查管理劝阻违规行为,智能监控迅速发现异常并确保畅通。

优化措施

图7 朝晖花园小区单行路交通流线图　　　图8 朝晖花园小区交通微循环改造平面图

▶ 小区内部单行交通组织

考虑到朝晖花园小区交通现状有如下特点:

1)小区内部路网呈环状,单行绕行距离较短。

2)小区停车供给不足,内部道路必须实施两侧或单侧停车。

3)交通流以小型汽车和电动自行车为主体,构成相对简单。

图9 单向行驶通告牌

满足GA/T 486-2015《城市道路单向交通组织原则》关于实施单向交通的条件,且实施后能够保障机动车和非机动车的正常通行,同时又能提供部分路内停车位。根据前期单向交通组织方案,按照国标规范设置单行路标志、停车位标线、禁停标志、单行通告标志牌等,确保交通组织方案正常运行,引导车辆有序循环通行。

▶ 充分挖掘停车资源

1)增设地面停车位。利用单行路合理设置地面停车位(通道宽度较窄的,设置单侧平行式停车位;宽度较宽的,设置单侧倾斜式停车位),规范停车秩序,提高居民出行方便性和安全性,保证消防、急救通道的畅通。根据停车位施划基本原则,共设置217个停车位。

图10 施划停车位图

2）建设生态停车场。在绿化改造时同步考虑停车设施设置，采取改移绿化、使用草坪砖等方式，建设生态停车场，在不减少绿化面积的同时扩大停车容量。

图 11　建设生态停车场地

3）设置时段性占道停车位。在周边道路设置夜间时段性占道停车位，允许小型汽车在夜间规定时段占用，进一步扩大停车供给；同时积极推行相邻单位昼夜停车位置换，即白天上班期间单位车辆可以占用部分小区停车位，夜间小区住户车辆可以占用部分单位停车位，以此方式充分利用停车资源，缓解停车矛盾。

图 12　时段性停车位

图 13　小区与相邻单位昼夜停车位位置换示意图

➢ 建立"三位一体"的管理体系

1）宣传引导机制。发动居民全程参与实施小区通畅工程，每一个环节都向居民公开，引导其理解、支持小区交通组织变化，掌握新的通行规则和停车规定；在后续管理过程中，公安交警、派出所引导居民文明行车、规范停车。

2）巡查管理机制。实行限额有偿停车，所收费用专款专用，招聘小区困难家庭人员，组建专门队伍，加强日常巡查，劝阻违规行为。

图 14　专职人员巡查管理、劝阻违停

3）智能监控机制。开展道路监控"补盲"和"织网"行动，加强对小区周边道路的监控，数据接入支队智能交通集成平台，便于实时掌握交通状况，发现异常、迅速调度警力，开展疏导指挥和执法管理，避免波及区域交通；同时，强化对周边道路占道停车位的监控，确保停车安全。

图 15　监控设施实时掌握交通状况

实施效果

朝晖花园小区改造前早晚高峰时间车辆停放混乱，存在车辆随意占用内部绿化场地以及停车场通道等问题。

通过实行"居民小区微循环改造"，车辆停放逐渐规范化、有序化，小区内部通道交通通行条件得到改善，既缓解了小区通道拥堵难题，提高了居民出行的方便性和安全性，确保消防、急救通道的畅通无阻，又有效扩大了停车容量，在一定程度上缓解了小区停车矛盾，规范了小区通行秩序，得到了广大居民的高度赞扬。同时，周边城市道路的干扰也逐步减少，出入口所在路段交通拥堵指数呈下降趋势，居民满意度明显提高。

图 16　改造前情况

图 17　改造后效果

推广应用

通过南通交警近几年的努力，截至 2018 年年底，南通市区已先后完成 14 个区域、19 个小区、21 条支路的优化改造。2018 年，停车堵塞小区通道和交通拥堵的接警量较实施小区通畅工程前的 2012 年相比下降了 49.6%。在改造过程中，南通交警还积极推进组团小区道路公共化。

根据党中央、国务院《关于进一步加强城市规划建设管理工作的若干意见》的要求，利用组团式小区间通道，探索道路公共化，扩容改造内部通道及周边支路，打通"断头路"，形成完整路网，增强连贯性和通达性，有效分担周边路网流量，促进区域交通顺畅。

图18　探索组团小区道路公共化

案例总结

朝晖花园小区是一个典型的老旧住宅小区，其交通也呈现出内部通行不畅、秩序乱、停车难等老旧住宅小区交通的典型特征。早晚高峰期，内部车辆通行不畅，甚至会倒溢影响到周边道路交通的正常通行。南通交警联合相关部门，在征求居民意见、发动居民参与的基础上，对小区交通设施和交通组织进行综合改造及优化设计，不仅改善了小区交通环境，还为改善居民生活环境，发挥了重要作用。一方面针对小区内部道路狭窄现状，对内部交通实施单行组织，确保车辆在小区内通行畅通，同时利用剩余道路空间，增加停车位，解决一部分停车需求；另一方面针对停车需求缺口大的问题，通过设置路内停车位、生态停车位等措施，挖掘内部停车空间，同时还积极协调周边单位，实现停车位置换共享、夜间准许停放等便民措施，解决居民停车问题。

由于建设年代早，老旧住宅小区都存在基础设施不完善、设施老化严重等问题，小区内部交通问题往往是居民最迫切需要解决的问题。老旧小区的交通组织改善应重点考虑：

1）要充分利用、合理规划现有小区空间。应满足居民通行空间，保证各种出行方式不被侵占，特别是慢行交通空间必须得到充分保障。在停车空间布设上，不仅要考虑满足停车需求，还要考虑占用的空间不应以损坏居民生活、休闲、服务、绿化等空间需求为代价。在本案例中，通过实施单行交通组织满足了出行需求，保障通行畅通；通过采用生态停车位，不仅挖掘了停车资源，还保留了绿化空间。

2）在解决停车问题上，应调动社会力量，加强停车位管理，提高停车位的利用率。本案例中，通过互助方式，推行小区与外单位停车位置换，提高停车位的利用效率；通过有偿停车，实施专款专用，组建停车管理队伍，加强停车秩序管理，解决乱停乱放问题。

3）加强内部交通监管。发现问题时，应及时进行处置，避免小区内部交通问题向外蔓延，影响城市道路的交通运行。

4）由于小区交通组织的变化，会在很大程度上影响居民出行习惯，所以应充分征求居民意见，做好引导工作。

5）在对老旧住宅小区交通组织改善过程中，还应同步考虑应急疏散交通组织，以及消防救援通道设置。

旅游景区周边道路交通组织优化

引言

近年来，随着旅游市场发展，节假日期间景区交通出行往往比较集中，同时随着百姓生活水平的不断提升，自驾游比例逐年增大，导致在较短时间以及有限空间内，景区交通压力陡增。另外，一般旅游景区离城市较远，部分景区配套的交通基础设施也不尽完善。因此，在旅游季，景区及周边道路的停车难、交通拥堵，已成为很多旅游景区普遍问题。

"熊猫基地"是 4A 级景区，每年旅游高峰期吸引了大量游客，停车难、交通拥堵等问题突出。成都交警充分利用现有路网，通过分离过境交通、实施景区内部单行、交通大数据诱导来疏解景区交通压力；通过打造景区内绿色"慢游"环境，倡导游客绿色出行，减少个人机动化出行；通过挖掘周边停车资源潜力、增设停车诱导设施缓解停车难。

本案例为解决景区周边道路高峰期交通问题所采取的交通组织优化方法，具有典型性，值得借鉴。

现状及问题分析

成都市熊猫基地作为国家 4A 级旅游景区，每年吸引了大量游客。据统计，2016 年接待游客 352 万人次，2017 年 485 万人次，2018 年 520 万人次，呈逐年升高趋势。熊猫基地周边具有如下问题：

➢ 路网不完善

通往景区的道路仅有熊猫大道（机动车双向 4 车道）和蜀龙路（机动车双向 6 车道），没有其他道路分流过境交通，通过性交通和大量的游客需穿越熊猫大道进入景区大门，汇聚在景区门前，人车冲突，不仅降低了道路通行能力，也存在一定的安全隐患。

图 1　熊猫基地区位及周边路网

➢ 停车位缺口大

熊猫基地周边只有 2 个景区停车场，停车位 470 个；临时停车场 3 个，停车位 760 个。远远不能满足停车需求，大量自驾车辆停放在路边，降低了道路通行能力。

➢ 景区交通流特殊性造成时段性交通超负荷

一是游客出行时间集中，主要在 9：00-15：00 的时间段内，集中了当日游客量的 70% 左右，造成了该时段交通流严重超负荷；二是自驾车出行比例较高，占 40% 左右，公共交通出行比例较低，进一步加剧拥堵问题。

图 2　大量自驾车占用道路空间

图 3　高峰期熊猫基地周边拥堵情况

优化思路

成都交警会同属地政府部门，根据熊猫基地节假日交通特征，提出了以下优化思路：

➤ 引导过境交通"外绕"

通过对熊猫基地假日交通的大数据分析，过境交通与景区交通混行，正是造成熊猫基地周边道路交通拥堵的一条重要原因。为有效分离熊猫基地景区交通与过境交通，节假日期间每日 9：00-17：00 时，执勤交警在熊猫大道实施交通分流，引导过境车辆利用新建道路绕行，疏解景区路网的交通压力。

➤ 保障旅游交通"快进"

"国庆十大热门出游城市"和"国庆成都最受欢迎景区"预测报告显示，熊猫基地景区热度位列全国第三。根据外地自驾车约占熊猫基地假日交通流 60% 以上的特点，为更好地满足外地自驾游客"快速到达、便捷停车"的需求，对连接景区停车场的 3 条道路考虑实行单向交通，打通景区交通"微循环"，让外地自驾游客既来得顺又走得畅。

➤ 助推绿色交通"慢游"

增加公交线路，加大摆渡公交运力投放，方便"地铁+公交"出行；景区内设置步行街，提升慢行交通体验；部分路段特定时段禁止机动车通行，进行"人车分离"，避免人车混行降低车辆通行效率、影响行人安全。

优化措施

为保障景区"快进慢游"交通组织方案的实施，成都交警采取了以下优化措施：

➤ 新建停车场，增加停车供给

协调属地政府部门在景区周边新建 3 个停车场，提供 2000 个小客车停车位和 76 个旅游大巴车停车位，以缓解停车供需矛盾。

图 4 新建停车场点位示意图

图 5　新建停车场实景

▶ 周边道路微循环

结合景区周边路网条件,从"减少绕行线路上的交通冲突点,最大限度发挥路网整体通行效益"的思路出发,对新建楠竹巷(车行道宽度 6m)实施由西向东单向交通组织,对新建绿竹巷(车行道宽度 9m)实施了由东向西单向交通组织,与熊猫大道形成逆时针单向循环交通,利用"微循环",串联景区停车场及分流过境交通。

图 6　新建道路单行示意图　　　　　图 7　新增指路标志

▶ 路段机动车禁行

熊猫大道(蜀龙路至楠竹巷)在法定节假日白天时段(9:00-17:00)禁止机动车通行(图 6 红色实线),人车分离,提升慢行交通体验,为景区核心区游客的"慢游"提供支撑。

图 8　熊猫大道部分路段机动车禁行措施

➢ 打开路段中央隔离

蜀龙路与箭竹路交汇处为中央绿化隔离，蜀龙路车辆只能通过"右进右出"的交通组织形式进入箭竹路，从蜀龙路由南往北前往景区的机动车必须到蜀龙路-熊猫大道掉头进入箭竹路。为了增加一条进入景区的通道，充分发挥箭竹路疏解交通流的作用，减轻蜀龙路北段及蜀龙路-熊猫大道交叉口的交通压力，打开蜀龙路与箭竹路交叉口的150m中央绿化带，并在路口设置信号灯，增划左转车道，允许从蜀龙路方向前往景区的机动车在路口左转。

图9　蜀龙路-箭竹路交叉口改造

➢ 增设停车诱导设施

在景区周边的熊猫大道与绿竹巷交叉口、蜀龙路与箭竹路交叉口、熊猫大道旅游大巴停车场入口、绿竹巷停车场入口、楠竹巷停车场入口增设停车诱导标志及停车位指示标志6面，告知驾驶人停车场位置及剩余车位，提高停车效率，避免往返寻找车位造成大量交通流在景区周边道路聚集。

图10　停车诱导设施设置点位图

图11　停车指示标牌

图12　停车诱导信息系统

▶ 增开摆渡公交线路

协调公交集团增开了从昭觉寺、地铁 3 号线至熊猫基地的两条摆渡公交线路，加大摆渡公交运力投放，方便"地铁+公交"出行。

图 13　摆渡公交

▶ 设置步行街

将景区核心区设置为步行街，串联熊猫基地景区和熊猫广场业态，让广大游客沉浸式体验"驻足赏美景""舒心品美食"的成都慢生活。

图 14　景区核心区步行街

▶ 其他措施

1）建立条块联动指挥机制。成都交警、成华区、熊猫基地成立旅游秩序综合整治指挥部，依托智能交通指挥中心、大数据分析中心，对熊猫基地周边道路交通进行联动监控指挥。

2）开展景区秩序综合整治。节假日期间，公安、交管、旅游、城管、市场监管等行政执法部门协同作战，处置警情、查处交通违法、引导停放私家车及旅游大巴、检查旅行社、清运各类垃圾、规范共享单车、救治游客，有效维护了景区秩序。

3）探索智慧旅游景区服务。协调百度地图、高德地图，及时采集熊猫基地周边新建道路及停车设施的坐标数据，更新交通信息，优化导航方案；提高公众出行信息发布的时效质量，消除游客、景区和路网等信息不对称，助力"交通+旅游"深度融合。

实施效果

2018年国庆黄金周期间,在熊猫基地客流量同比增长两成、接待游客总量达44.31万人次、最高峰客流量同比提高28.6%、超10万人次的压力下,景区周边道路交通拥堵指数和事故警情较2017年同期分别下降11.7%和15.2%,实现了让八方游客愿意来、放心游、满意归,获得了社会各界的一致好评。

2019年春节周对比2018年国庆黄金周,景区周边道路交通拥堵指数有一定下降,拥堵里程下降明显,道路拥堵状况得到明显改观。

a) 实施前　　　　　　　　　　　　　　　b) 实施后

图15　熊猫基地周边道路优化前后实景对比

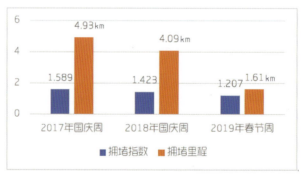

图16　不同时期节假日熊猫基地周边道路拥堵指数及拥堵里程对比

案例总结

"熊猫基地"是成都著名旅游景点,由于其远离市区,交通基础设施落后,旅游季所呈现出的交通问题具有典型性。案例中介绍的解决方法,如新建停车设施、增设停车诱导设施,以及基于"快出"原则设置的微循环,保证景区车辆快速驶离等交通组织方法,具有普遍适用性。

旅游景区周边交通组织可从以下方面重点考虑:

1)利用互联网技术,对景点周边交通进行监控,将景区旅游交通与通过性交通进行分离,引导通过性交通由外围道路绕行,减轻景区交通压力。

2)开辟景区专用通道,减少景区旅游车辆对社会车辆的干扰。

3)结合"熊猫基地"的"慢游"旅游理念,通过设置公交摆渡线路、打造慢行步道、在景区内实施机动车禁行等措施,改变景区游览方式,实现人车分离,提高道路通行效率。

景区预约通行管理

引言

每逢黄金周、节假日，旅游景区人满为患已经是景区普遍问题，随着小汽车出游的日益普及，对景点交通也带来了巨大考验，停车难、进出不便、道路拥堵已经成为各大景区交通难题。每逢旅游高峰期，各地交警部门都积极制定旅游期间交通组织优化方案，但是如果在道路交通基础设施难以持续扩容的背景之下，仅依靠传统的交通组织方案来应对大流量、集中式的旅游客流出行需求，只能杯水车薪。因此，对于热门景点，当旅游交通出行需求已经远远超过交通设施的承受能力时，需要探索创新方法和措施来缓解这种矛盾。

深圳东部景区是深圳著名景点，旅游旺季，爆发性旅游交通出行需求已远超过景区道路的承受能力，从景区小范围拥堵，逐渐外溢形成东部片区的大面积、长时间拥堵，不仅给人们旅游出行带来了极大不便，而且对片区的生产生活出行也带来极大影响。为此，深圳市公安局交通警察局尝试在旅游高峰期，对进入景区的9座以下客车实施预约通行措施，以此削减机动车出行总量，鼓励游客选乘公共交通出行。预约通行措施的实施，在很大程度上缓解了景区在旅游高峰期的交通拥堵问题。

本案例中介绍的预约通行措施，不仅能用于缓解旅游景区交通拥堵问题，也为解决如大型活动期间的爆发式过度集聚交通问题，提供了新的思路。

现状及问题分析

2017年"五一"假期期间，通过盐坝高速前往深圳市东部梅沙、大鹏两个景区的车辆日均达50510辆，较2016年同期增长11%，造成了东部交通大面积、长时间拥堵。5月1日当天，盐坝高速双向拥堵里程达21.9km，较2016年同期增长36%，东西双方向拥堵时长达21.5h，较2016年同期大幅增长7h，东部景区的来访人数、交通流量、拥堵指数均达到了历史最高值。

图1 东部景区道路拥堵严重

东部景区节假日交通拥堵问题是长期困扰深圳交通的痼疾，具体存在问题如下：

▶ 片区内部道路资源有限，供需失衡

东部景区南侧靠海，整体属于末端交通区位形态，路网密度低，停车位严重不足，道路资源及通行能力极为有限，旅游旺季交通供需失衡，对片区居民的工作、生活、商业活动造成了严重影响。

▶ 存在严重的安全隐患

东部景区通路唯一、路网弹性差、沿线长隧道密布。大梅沙等隧道假期交通状况严重超饱和，车辆在隧道内滞留时间接近1h，且没有救援通道；大鹏半岛内存在大量油气存储设施和核电等重大危险源，一旦发生安全问题，后果将不堪设想。

▶ 景区未来压力巨大

2018年，随着各项立交、城市快速路、高速公路、各类通道改造工程陆续开工，东部景区交通拥堵逐年递增，梅沙、大鹏景区的交通压力进一步增大，达到历史最高水平。

➤ 常规交通管制措施作用不明显

为解决上述问题，曾采取了划设公交专用道、交通截留管制、试行单双号通行等多项措施，实施效果不明显，难以从根本上解决问题。

优化思路

国务院印发的《关于促进旅游业改革发展的若干意见》提出："抓紧建立景区门票预约制度，对景区游客进行最大承载量控制。"近年来，对重点景区采取车流、人流预约以及禁行、管控措施已经被各地广泛采用。例如深圳对仙湖片区采取了春节期间小客车禁入措施后，整个仙湖片区交通秩序大幅改善，交通拥堵得到了缓解。深圳交警又于2018年提出并试行梅沙、大鹏两个片区预约通行计划，主要有以下思路：

➤ 明确预约车辆类型

主要目标是限制小客车等私人交通，保障公共交通及片区内部车辆通行。

➤ 确定预约渠道

为了充分推行预约通行管理，避免因渠道单一造成预约效果较差，应综合采用微信、手机APP、官网等多渠道预约的形式。

➤ 确定预约配额

根据往年景区交通流量的统计分析，合理确定预约配额，在旅游不受较大影响的前提下使得整体交通流量可控。

➤ 划分预约时段

将预约交通流平均分配到全天不同时间段，削减单位时间流量。

➤ 全方位宣传准备工作

通过提示标牌、诱导屏及传统媒体全方位宣传，充分征求民意，利用车牌识别断面及预约监控平台实时掌握预约车辆动态，保证方案顺利实施。

优化措施

➤ 明确预约车辆类型

1）限制旅游私人交通。预约通行措施要求9座以下小型客车，必须经预约成功，才能进入迭福山隧道以南区域。

2）保障旅游公共交通。10座以上客车、公交车、出租车及救援车辆不受限制，保障旅游公共交通通行。

3）保障片区内部车辆通行。对大鹏半岛内单位、居民的车辆统一予以备案，不受预约通行政策的影响。

图2 预约系统界面

图3 大鹏半岛片区预约通行区域

▶ 确定预约渠道、预约配额和预约时段

1）开发软件，明确预约渠道。深圳交警组织开发了专用预约软件，通过深圳交警微信公众号、深圳交警官网、宣传折页二维码等入口都可以进入预约界面，同时设有企业预约账户为企业提供服务。

2）确定一定的预约配额。区分节假日和非节假日，每天确定一定的预约配额（如2万个），达到配额后车辆即不能再进行预约。

3）划分不同预约时段。将全天划分为三个预约时间段，分别为0时至12时、12时至18时、18时至24时，削减旅游高峰时段单位时间流量，"削峰填谷"，在道路资源一定的前提下，充分挖掘时间资源，将超负荷流量重新分配。

图4 东部景区预约通行渠道

图5 微信公众号东部景区预约通行界面

▶ 做好宣传准备工作

1）组织了新闻发布会，进行电视、广播、报纸滚动发布并专程前往广州、东莞、惠州当地进行新闻报道；增设了预约通行提示标牌，在全市交通诱导屏轮播预约通行提醒；印制了4万张带有预约通行二维码的宣传单在高速公路收费站、服务区进行发放。

2）召开企业居民代表座谈会，同时通过微信公众号等渠道进行问卷调查，广泛收集意见。

3）组织编写了《大鹏半岛预约通行勤务管制方案》《大鹏半岛预约通行应急维稳方案》《大鹏半岛预约通行宣传专项方案》，并委托专业单位编制了风险评估报告。

4）增设了车牌识别断面，开发了东部预约监控平台，实时掌握交通状况和预约车辆动态。

图 6 预约通行宣传折页

实施效果

▶ 预约情况良好,未影响外地旅游车辆

试行后"五一"假期 3 天内,大鹏半岛累计总预约车辆数为 47109 辆,平均每日预约车辆数为 15703 辆,占每日 2 万预约配额指标的 78.5%。受气温及"中考"等因素影响,假期第一天离深外出车辆相比 2017 年同期有所降低,来深车辆与 2017 年同期基本持平,导致全市各大景点游玩人数同比 2017 年均有所下降,整体大鹏半岛内交通流量比 2017 年同期下降约 34%。深圳交警在第二天进行了有针对性的宣传和增发临时预约配额,引导交通流量恢复到正常水平。假期 3 天大鹏半岛内实际车辆进入数为 84814 量,仅比 2017 年"史上最堵"的"五一"假期交通流量减少 9.5%,接近夏季假期的平均车流水平。

图 7 预约通行措施试行后"五一"假期景区通行实况

在预约车辆中,深圳车辆占比为 55%,外地车辆占比为 45%,和 2017 年"五一"假期 44% 的外地车比例持平,侧面证明了预约通行措施宣传有效,并未影响外地车辆来深旅游。

▶ 交通拥堵指数明显下降

尽管预约通行期间日均车流量达到了 2.8 万辆,接近夏季假期日均 3 万辆的交通流量,但由于预约通行措施将交通流平均分配到全天三个时间段,充分利用了道路资源,2018 年"五一"期间的平均车速为近三年最高且拥堵指数为近三年最低:整体平均车速为 33.55km/h,同比提升了 51.5%,其中大鹏、南澳交通片区平均车速分别为 42km/h、25.1km/h,同比 2017 年"五一"期间分别提升了 53.8% 和 47.6%;拥堵指数方面,大鹏及南澳片区拥堵指数均达到近三年的最低值,平均拥堵指数 2.1,处于基本畅通状态,同比 2017 年的 3.5,降低了 40%,其中大鹏片区及南澳片区拥堵指数分别为 0.8 和 3.4,大鹏片区同比下降了 66.7%，南澳片区拥堵指数同比下降了 26.1%。较场尾、西涌、杨梅坑等景区人数和车辆都基本饱和，景区道路未出现明显拥堵警情，整体通行处于平稳、可控状态，半岛内主要道路全天均维持"畅通"等级。

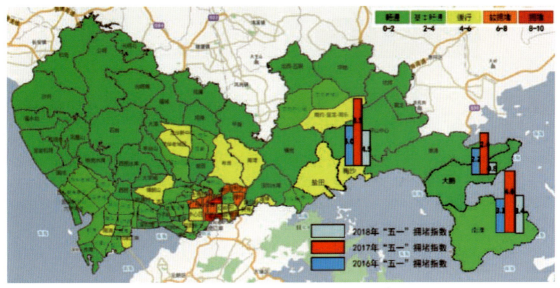

图 8 东部景区近三年"五一"期间拥堵指数变化情况

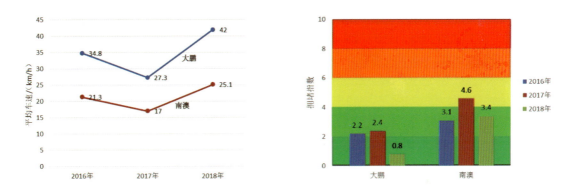

图 9 大鹏片区平均车速变化及拥堵指数变化情况

▶ 交通安全状况大幅改善

2018 年"五一"假期期间，大鹏交警大队接到的事故警情和拥堵警情数量分别比 2017 年同期下降 94% 和 93%。由于道路畅通，交通事故应急救援时间大幅缩短。例如假期前杨梅坑景区发生了一起伤人交通事故，铁骑队员护送 120 救护车仅用了 55min 就将伤者送往医院救治，比 2017 年同期通行时间缩短至少 2 个小时，为生命营救赢得了宝贵的时间。

▶ 全市交通得到有效疏导

大鹏半岛预约通行措施对全市交通也起到了积极作用，以往由于半岛内交通过饱和，导致车流倒灌盐坝高速，车流向北倒灌至坪山区东纵路口，严重影响坪山区东西干道交通，盐坝高速东行交通也基本瘫痪；同时，由于深盐二通道至盐坝高速交通流量过大，队尾排至沿河路，对周边道路及片区都产生了严重影响。此次预约通行实施后，罗湖区交通基本不受假日东部交通影响，一直维持在正常运行水平。

图 10 预约试行后盐坝高速葵涌收费站交通运行实景

▶ 半岛内商户受到的不利影响有限

2018 年"五一"假期第一天,受全市整体出行率不高影响,西涌和东涌的停车场使用率为 60%,杨梅坑的停车场使用率为 70%,景区热门酒店民宿入住率在 80% 左右,部分民宿入住率在 30% 左右,入住率下降比较明显。第二天交通流量即基本恢复过往水平,东涌、西涌和杨梅坑停车场的使用率达到 100%,民宿整体入住率有所上升,虽然仍低于 2017 年"五一"假期入住率,但游客的整体旅游体验得到了大幅改善,旅游品质得到了有效提升。在大鹏区政府收到的 278 条舆情当中,正面 125 条,负面 32 条,中性 121 条,证明在当地经营者当中,持正面声音的居多数。

案例总结

深圳东部景区是综合了休闲、娱乐、购物为一体的综合性景点,每逢黄金周、节假日吸引了大量游客至此游玩。东部景区位于海边,道路资源及通行能力极为有限,近年来,随着游客人数持续增长,旅游旺季的爆发性、集聚性出行需求,已远超路网承受能力,道路交通不堪重负。从景区小范围拥堵,逐渐外溢形成东部片区的大面积、长时间交通拥堵。如果在旅游高峰期间,对旅游出行不加限制,产生影响将会越发严重,交通问题将更加恶化。深圳市公安局交通警察局在加强对旅游交通出行实时监控、数据分析的基础上,在旅游业不受较大影响前提下,对 9 座以下小汽车实施预约配额,并通过落实公共交通优先通行政策,利用大容量公共交通解决游客的出行。通过实际运行后,预约配额措施取得良好效果,不仅有效改善了景点周边及东部片区交通状况,而且,随着交通出行环境改善,游客的旅游体验得到大幅提升。

预约通行管理措施取得良好的效果离不开精准施策:

1)该方案的提出是基于对旅游交通数据精准分析而确定,同时,在方案实施过程中,深圳交警通过东部预约监控平台,实时掌握进出景区的交通情况,对预约车辆进行动态监管,充分挖掘时空资源,确保路网资源利用最大化。该案例启示我们,在进行影响面较大交通组织管控时,一定要以充分的交通数据分析作支撑,才能保证方案实施的可靠性、精准性。

2)在对出行车辆进行限制时,要考虑被限制的出行需求是否有替代出行方式给予满足。在本案例中,深圳交警部门虽然限制了 9 座以下车辆通行,但是对公共交通出行进行了优先保障,公共交通成为限行车辆的替代出行方式。

3)本方案制定时,综合考虑了多方交通出行需求,尽可能为民众提供便捷服务。在本案例中,在对 9 座以下客车实施预约通行同时,考虑了片区内居民日常生活出行需要,因此对片区内居民出行不进行限制。此外,为方便游客预约,深圳交警通过微信公众号、网页、扫描二维码等多个途径实行链接预约,并实行多时段预约,提升了预约的方便性和成功率。

4)对影响较大的交通组织方案,应做好宣传引导工作,让民众明确组织方案的意图作用、是否会对生活产生影响以及是否有解决方案,尽可能地得到广大群众的支持和理解。

地铁施工区域交通组织

引言

随着城市建设规模不断扩大,道路交通基础设施也进入快速发展阶段。道路基础设施建设给城市带来变化的同时,建设期间因道路开挖、绿化移植等施工占道,也可能会带来道路堵塞、出行延误等问题,甚至会对周边道路产生较大交通压力,对城市交通出行带来很大影响。同时,由于施工作业沿线道路的公交线路、站点一般都需要进行调整,对沿线居民的出行也带来了极大不便。所以有必要对施工区域进行交通组织优化。

武汉市公安局交通管理局通过施工前的深度研判、事中跟踪调优、事后跟踪评估,提出了对施工期间的"六位一体"交通管控模式,即:禁、环、限、疏、宣、管。在对交通流量进行调控的同时,还充分利用宣传、专项治理、推行公交出行等综合措施,有效缓解了地铁施工对道路交通带来的影响,保障了施工区域交通的正常运行。

本案例对长时间占道施工、影响区域较大的大型占道施工区域交通组织优化提供了借鉴。

现状及问题分析

武汉市轨道交通8号线二期工程设站12座,全长17.6km,途径多条城市主干路,站点多分布于武昌核心区域。

其中街道口站地处武昌区街道口商圈、医圈、校圈三圈叠加处,二环线、武珞路两条干道相交的路口附近,过境交通压力巨大;周边分布有武汉大学、华中师范大学、群光广场、广埠屯资讯广场、湖北省妇幼保健院等。

现状街道口路口为三层结构,沿南北向布置有二环线高架、东西向有武珞路下穿通道,地面平交路口为全转向路口,交通组织形式极为复杂。街道口是武汉市52个流量过万的路口之一,早晚高峰人流、非机动车流(以电动自行车为主)、机动车流大量集中,每周期行人过街流量超过千人。

地铁施工期间将会对区域交通形成较大影响,因此武汉市公安局交通管理局通过事前深度研判、事中调整优化、事后跟踪总结的方式,形成了以交通组织为主的综合对策,实现了保障武昌地区主动脉交通正常运行的目标。

图1 轨道交通8号线二期站点分布情况

图2 2017年武汉市主城区主要道路交通流量分布图
(图片来源:2018年武汉市交通发展年度报告)

轨道交通 8 号线二期街道口站考虑与 2 号线已建成街道口站换乘，因此布置有两处换乘通道，车站为地下四层 14m 分离式岛式站台车站，呈半包围状分布在二环线高架两侧，施工期间用地极其受限，尤其是受高架落地点的影响，施工区域可变道距离仅 25m。

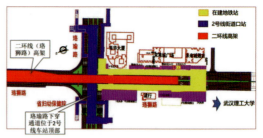

图 3　街道口站平面图

为尽量减少对快速路交通的影响，保障周边居民的正常工作、生活，街道口站采取半盖挖法分期倒边施工。其中，第一期施工车站主体高架桥落地点处盖板，占用高架桥主线范围内双向四车道，高架桥通行能力由双向 5000pcu/h 下降为不足 1000pcu/h，远远无法满足现状双向 4600pcu/h 的通行需求。

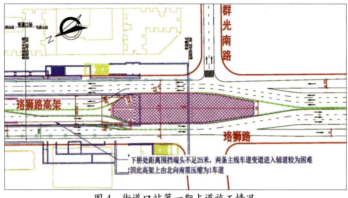

图 4　街道口站第一期占道施工情况

在城市快速路主路上施工，工艺如此复杂、用地条件如此恶劣的工程，在武汉市尚属首次。且由于轨道交通 8 号线二期一系列站点同步施工，将对武昌片区的骨架路网造成极大影响。

优化思路

➤ **禁**

通过禁止转向来简化路口放行模式。

➤ **环**

设置单行线打通微循环；采取交替放行方式，使循环更顺畅、更高效。

➤ **限**

限制匝道车辆进入施工区域；限制周边道路路边停车。

➤ **疏**

提升公交车服务水平、投放共享单车以疏散小型汽车交通流，减少小型汽车出行。

➤ **宣**

媒体与上门宣传结合、LED 屏推动信息、金点子征集活动。

➤ **管**

成立综合指挥部、全过程监管、调整勤务安排、开展专项整治。

优化措施

▶ 禁——重要节点采取禁限措施

街道口路口采取东西向禁左措施,减少相位,以提高通行效率,原东西向左转车辆可以通过周边路网绕行。

▶ 环——打通单行微循环、采取交替放行

1）通过调整群光南路、群光东路、洪兴巷、洪达巷等4条周边支路为单行线,畅通区域微循环。

2）高架上增设信号灯,采取交替放行方式,避免因争道抢行降低车辆通行效率;利用护栏分隔主辅车道,确保主道通行空间。

图 5　街道路路口东西向禁左

图 6　单行线微循环

图 7　高架交替放行

▶ 限——通过科技手段削减进入施工区域车辆,通过停车管控限制停车

1）设置2套匝道控制系统,早晚高峰关闭尤李立交西向北(700pcu/h)、东向北(1370pcu/h)进入二环线(珞狮南路段)匝道,削减二环线街道口至尤李立交段交通压力。

2）取消分流道路洪兴巷、洪达巷、石牌岭路、丁字桥路的路边停车位,增设违停抓拍设备,提高周边分流道路通行效率。

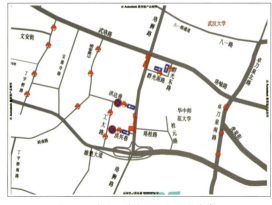

图 8　取消路边停车位,加强违停管理

➢ 疏——优化出行结构，减少小汽车出行

1）提升公交服务水平。优化公交线路，增设南湖片区、水果湖片区小微公交，加强与已建成的轨道交通2号线对接。

2）投放共享单车。与城管部门共同优化共享单车站点，施划非机动车专用通道，在南湖片区投放了2000辆共享单车，建立B+R模式，改变市民出行方式，南湖片区日均骑乘人数8000~10000人，对缓解交通压力起到了很好的作用。

➢ 宣——全方位立体式宣传

1）媒体宣传。充分利用新媒体、传统媒体（"武汉交警"微信公众号、"易行江城"客户端、广播电台等），提前发布预警信息、出行指南、管制措施，及时通报实时路况，发挥引导作用。

2）上门宣传。对周边居民小区、单位、学校进行上门宣传。

3）LED屏发布信息。面对每天进入拥堵区域两次以上的1万辆车，进行拥堵信息及绕行建议精准推送，所有去往拥堵路段及临近区域主要道路上的LED屏滚动发布拥堵信息。

4）开展交通组织"金点子"征集活动，对采纳的金点子予以奖励。

图9 "武汉交警"微信公众号推送　　图10 LED屏发布信息

➢ 管——指挥、监管、勤务、专项整治多措并举

1）成立综合指挥部，统筹协调多部门。

由武汉市领导挂帅，市重点工程建设办公室、区政府、公安局、交管局、城管局、交通委等多部门组成，成立综合指挥部，对现场所涉及的工作进行统一调度。同时交通管理部门成立了现场指挥调度室，强化现场交通组织领导和指挥调度。

图11 指挥调度现场

2）全过程监管，精细化组织。

由于工程复杂、用地条件限制，在保证施工安全、施工质量的前提下，交管部门与建设方多次协调、沟通，

从施工工艺、施工方式、施工工期等多方面进行优化，采用盖挖法、分期倒边施工，缩小占道空间，用时间换空间，尽量减少对市民的出行影响。

加强施工期的监管，利用无人机进行现场指挥，严格控制施工占道范围，要求占道范围与施工期交通组织设计图纸保持一致，严禁多占、多围。

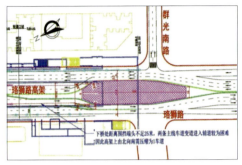

图 12　设计方案与实际打围现场

3) 调整勤务，加大管理力度。

每逢双休日安排 50 名警力协勤增援街道口周边地区，相关区交通大队在施工沿线及周边道路设置交通管控岗位 80 余个，警力 320 余名，配备应急救援车辆 10 辆，做好交通疏导和秩序管控。

4) 开展专项整治。

对施工区域周边的道路开展专项整治，包括违法停车、行人非机动车违法行为等。

实施效果

通过采取以上措施，轨道交通 8 号线二期的重要站点施工，对武昌交通未形成大的影响。

图 13　实施效果

1) 二环线（珞狮路、雄楚大道高架）交通运行状况没有出现较严重的拥堵，珞狮路高峰期运行车速由 19km/h 提高为 25km/h。

根据施工后的流量调查，珞狮路（街道口段）双向流量已由 7000pcu/h 下降至 2990pcu/h，其中由南向北流量 1145pcu/h，由北向南流量 1845pcu/h；珞狮路（马房山段）双向流量已由 9900pcu/h 下降至 5780pcu/h，其中由南向北流量 2796pcu/h，由北向南流量 2984pcu/h。

2）南湖片区进出通道交通压力增大，但未出现明显的交通拥堵现象。

3）周边平行通道丁字桥路、石牌岭路很好的承担了分流作用。作为主分流通道，高峰小时平均流量都有较大幅度的增加，其中丁字桥路双向流量由 2100pcu/h 增加至 2969pcu/h、石牌岭路双向流量由 1750pcu/h 增加至 2291pcu/h；共分流 34% 的车辆，计 1410pcu/h。

表1 周边道路交通流量分析　　　　　　　　（单位：pcu/h）

路段名称	阶段	由南向北	由北向南	汇总	需分流流量
珞狮路（马房山段）	施工前	4750	5150	9900	4120
	施工后	2796	2984	5780	
丁字桥路	施工前	1230	870	2100	869
	施工后	1712	1257	2969	
石牌岭路	施工前	980	770	1750	541
	施工后	1420	871	2291	

案例总结

本案例中的地铁施工占道区域，不仅位于城市主干路，同时还是快速路高架落地点，因此施工作业带来的影响程度更为严峻，施工期间的交通组织难度也更大。武汉市公安局交通管理局在前期调研基础上提出：通过禁行、微循环、限流措施，简化施工区域交通复杂度，疏解施工区域的交通流量，降低交通压力；积极倡导绿色出行，减少施工区域的个体交通出行，进一步降低施工区域交通压力；发挥宣传力量，利用信息推送、精准诱导，鼓励居民选择更加合适路径绕行；加强对施工区域的执法管理力度，严查交通违法行为，全力保障施工区域交通有序、畅通。

类似地铁建设这种长时间占道施工，对城市交通影响非常大，因此在施工之前应做详细周密的交通调研，开展施工期间交通组织方案研究工作并制定交通组织优化方案，在施工期间还应进行跟踪研判，发现问题及时优化调整交通组织方案。

占道施工区域实施临时性交通组织应考虑：

1）由于施工占用了有限的道路资源，施工作业区的通行速度、通行效率都会大幅降低，在考虑如何保障交通供给的同时，还应考虑如何削减交通需求，降低施工区域的交通压力。因此有必要实施限行、禁行等措施，将一些交通通行需求，特别是通过性交通，转移到路网的其他道路上。

2）分流路线的选择应保证原有的交通流叠加分流的交通流后，道路负荷并未受到较大影响，并通过多级诱导设施，引导通过性交通远端分流，减小对施工区域交通的冲击。分流路线的交通设施、信号配置、管控方案应同步调整。

3）在做好交通组织优化的同时，还应加强对施工作业沿线违法行为的整治，确保施工区域路段交通有序畅通。

4）鼓励施工作业区周边的居民选择公共交通出行，减少个体交通出行量，缓解施工区域的交通压力。因此在进行公交线路、站点调整时，应充分考虑居民搭乘的便利性。此外，还应保证沿线居民慢行交通需求。

5）在制定施工交通组织优化方案时，应制定应急管控预案，以备发生突发事件时，降低其影响度。

信号优化

交叉口行人过街信号分段控制
典型交叉口行人过街信号优化
短距离交叉口绿波协调控制
短间距交叉口协同优化控制
五叉环岛信号控制优化
主干路信号协调控制优化
区域交通信号动态优化

交叉口行人过街信号分段控制

引言

行人过街与机动车的冲突，是造成交叉口行人过街安全隐患的主要原因之一，因此如何协调行人与机动车之间的关系，科学合理地进行行人过街交通信号控制，对解决行人通行问题有着重要意义。

重庆市公安局两江分局交通巡逻警察支队联合广东振业优控科技股份有限公司，针对交叉口行人过街信号控制，采取了多样化的优化手段。案例一为学校周边的十字交叉口，通过增加相位多次放行、相位拆分调整分段控制顺序、设置清空时间等措施，解决学生过街时间不足、尾车冲突等问题；案例二为商圈周边设置有右转实体渠化岛的交叉口，通过增加多个进出右转渠化岛的小相位、相位拆分提高分段控制效率等措施，解决行人进出渠化岛无序、过街等待时间过长、尾车冲突等问题。优化后，行人等待时间明显减少，过街体验大幅提升，安全性也得到了有效保障。

案例从交叉口行人过街相位相序设计、相位时长确定、清空时间设置、信号与渠化配合等方面，为城市行人过街信号方案的优化设计提供了借鉴思路。

【案例一】普通十字交叉口

现状及问题分析

金开大道-和睦路交叉口位于重庆市两江新区，该路口毗邻繁华的商业圈、地铁站，早晚高峰车流、人流均较大。交叉口南边设立了天桥，故存在三处人行横道，其中北侧人行横道设置行人二次过街安全岛，已采用行人信号分段控制，但受到路口东北角小学上放学时学生过街需求影响，行人过街依然存在问题。

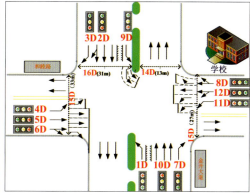

图 1 金开大道－和睦路交叉口地理位置及基础信息图

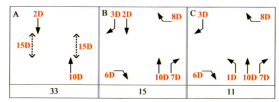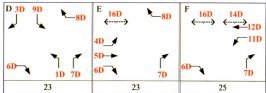

图 2 优化前交叉口相位相序图

▶ 行人过街存在安全隐患

北出口道宽度较小（13m），小学生上放学期间按照较慢的步行速度1m/s来计算，F相位东往西的行人到安全岛后时间还剩余约12s，多数学生会选择继续过街。而北进口道宽度较大（31m），剩余的时间无法满足过街需求，小学生过街基本都是小步快跑，这时北进口直行绿灯启亮，人车冲突，存在严重的安全隐患。

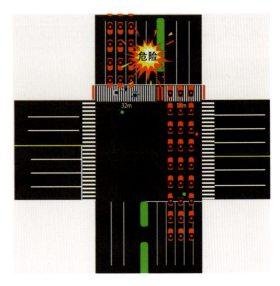

图3　东边行人过街示意图

▶ 路口东西距离较长，易发生尾车冲突

东进口离西出口距离有50m，东进口直行仅靠3s黄灯时间清不完车流。当A相位放行时，东进口直行尾车易与行人、北进口直行车辆产生冲突。

图4　尾车冲突

优化思路

▶ 提前设置北出口行人过街相位

通过提前结束上一相位（D相位）东进口右转机动车的放行，让东向西行人提前进入安全岛，与下一相位中北进口行人过街相衔接，满足东北侧学生较大的向西过街需求。

▶ 拆分行人连续过街相位

通过拆分北口原有行人连续过街相位（F相位）为北出口与北进口分段放行：北进口放行可以补足E相位北进口行人过街时间（23s小学生走31m较困难）；北出口放行即可以增加一次学生由东进入安全岛的机会，又可以使得进入安全岛的行人停留等候下一周期北出口放行，避免过街时间不足。

▶ 合理调整相序，设置清空时间

后置东西向行人过街相位（A相位），缓解人车冲突；东进口直行相位早断，消除东进口直行尾车与北进口直行车辆冲突。

优化措施及效果

1）把 D 相位进行拆分，增加北出口行人过街相位，时间设置为 13s，基本满足小学生过街 1m/s 的步行速度，并同步控制东进口右转车辆，保证学生过街安全。

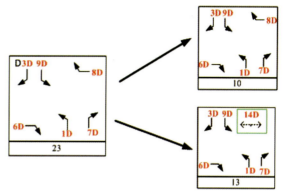

图 5 原 D 相位拆分示意图

2）把 F 相位进行拆分，使北进口行人与北出口行人分开放行，北出口行人相位时间依然取 13s，剩余 12s 作为北进口行人过街时间，与原 E 相位共同组成 35s 的过街时间，能满足 31s 路幅宽度的过街需求。

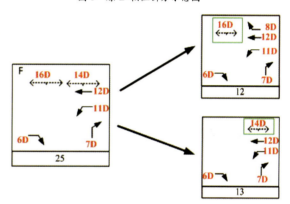

图 6 原 F 相位拆分示意图

3）把原 A、B 相序对调，消除东进口直行尾车与西侧行人冲突。
4）东进口直行早切断 2s，消除东进口直行尾车与北进口直行冲突。

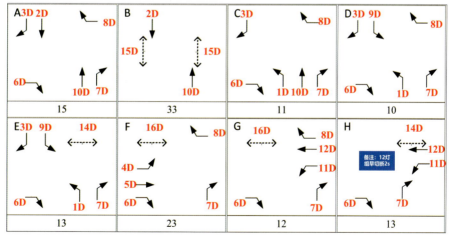

图 7 优化后交叉口相位相序图

优化后路口无尾车冲突，且东西行人均能一次过街，避免了行人过街"冲还是不冲"的两难抉择，提高了行人过街通行效率，消除了安全隐患。

【案例二】普通十字交叉口

现状及问题分析

金开大道-金福路交叉口位于重庆两江新区，金开大道连接着古木峰立交、鸳鸯立交，是人和机场区域互通的重要道路；金福路则连接着各大住宅区、学校。该路口毗邻繁华的商业圈，且靠近公交站，早晚高峰人流量较大。

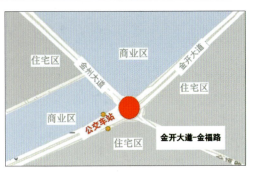

图8 金开大道-金福路交叉口地理位置图

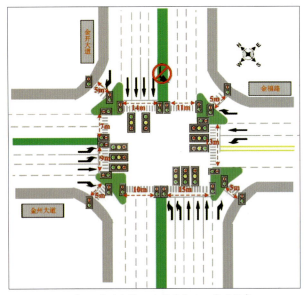

图9 金开大道-金福路交叉口基础信息

交叉口设置有右转实体渠化岛，且行人进入渠化岛受到信号控制，南、北、西进口都设置有行人安全岛，均采取行人过街分段控制。

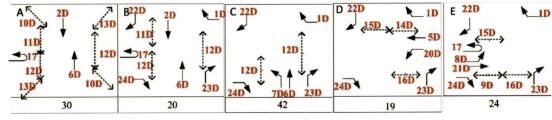

图10 优化前交叉口相位配时

随着商业区的大力开发，住宅区入住率越来越高，该路口的过街人流量日益增加，行人过街难的问题越来越严重。

➤ 进出右转渠化岛的绿灯相位少，行人乱穿马路现象严重

东西进口道行人放行时间长，但原配时方案中一个周期只有一次进出右转渠化岛的机会，放行次数少，等待时间长，导致行人闯红灯进出渠化岛，不仅影响右转车辆正常通行，还存在安全隐患。

➤ 南北进口行人等待时间长，行人体验感较差

南北进口行人过街所需时间均超过100s，而北进口西往东行人需在安全岛等待116s，超出了行人在安全岛的最大可忍受等待时间。

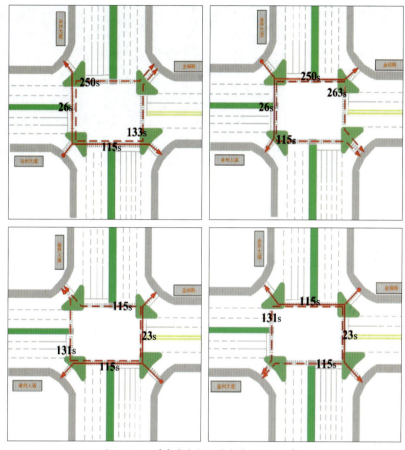

图 11 优化前各方向行人过街最短时间示意图

> **上坡路段车辆清空困难，尾车与行人易发生冲突**

东进口为上坡路段，车辆起步较慢，D 相位东进口左转黄灯时间仅有 3s，该时间不足以清空车流，当 E 相位南出口行人过街开始放行时，由于尾车和行人发生冲突，导致车辆滞留在路口内，从而引发交通拥堵。

图 12 上坡路段人车冲突

➢ **中间安全岛较小，存在严重安全隐患**

因南北进口人流量大，原配时方案中一个周期内不能完全通过，有大量行人须在中央安全岛上停留，然而中央安全岛较小，往往有行人站在斑马线上等候，存在安全隐患。

图13 南口行人过街安全岛空间不足

优化思路

➢ **增加进出右转渠化岛小相位，提升进出渠化岛秩序**

在保持原方案各进口直行、左转绿灯时间不变的基础上，通过压缩右转机动车通行时间，设置多个进出右转渠化岛的小相位（时间较短），适应行人交通流特性，减少等待时间，从而减少行人闯红灯现象。

➢ **增加北进口行人过街时间，减小过街等待时长**

增加北进口行人过街相位，让北边西往东的行人能连续过街，减小在安全岛等待的行人数量，提高行人过街体验。

➢ **拆分原南口行人连续过街相位，消除尾车冲突**

将南口行人连续过街相位拆分为分段式过街，将南出口过街相位后置，消除其与东进口左转尾车的冲突。

➢ **利用其余相位补足南进口行人过街时间**

由于拆分了原E相位（24s）的行人过街时间，无法满足南进口较宽路幅（15m）的过街时间，需要考虑利用其余相位补足南进口行人过街时间。

优化措施

➢ **拆分原A、C、E相位，增加进出右转渠化岛小相位**

在保持原方案各进口直、左（南直除外）绿灯时间不变的基础上，把A、C、E相位拆分为8个相位，增加了3次进出右转渠化岛机会。

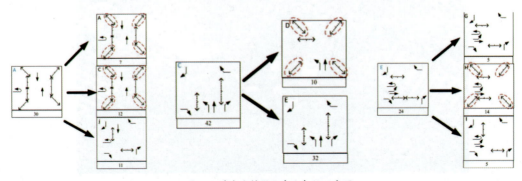

图14 进出右转渠化岛小相位示意图

> **拆分原 C 相位，增加北进口行人过街相位**

原方案北进口西往东行人过街时间不足，需在安全岛中间等待，现增加北进口行人过街相位。

> **拆分原 E 相位，增加南出口行人迟启动相位，缓解尾车冲突**

该相位的绿灯时间为 5s，通过增加 5s 时间清空尾车。

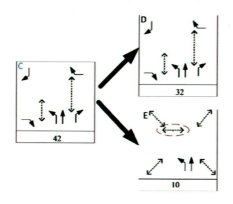

图 15　原 C 相位拆分示意图

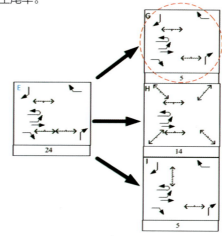

图 16　原 E 相位拆分示意图

> **拆分原 A 相位，增加南进口行人过街相位，弥补尾车冲突后的行人过街时间不足**

尽管拆分原 E 相位的方案解决了尾车冲突，但是也减少南出口行人过街时间，导致南进口西往东行人过街时间不能满足需求。因此再次拆分原 A 相位，减少南进口直行放行时间 11s，让南边行人有充足时间连续过街。

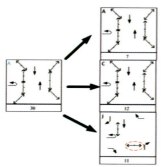

图 17　原 A 相位拆分示意图

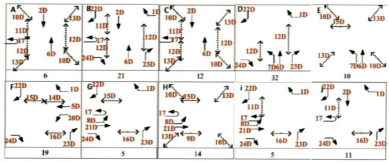

图 18　优化后相位配时示意图

实施效果

优化后路口各方向行人均能在一个周期内连续过街，且无需在中间安全岛上停留，同时增加了进出右转渠化岛的次数，行人过街通行效率提高明显。

图 19　优化后交叉口交通情况

图 20 优化后各方向行人过街最短时间示意图

表 1 优化前后各方向行人过街最短时间对比

	西南角行人			西北角行人			东南角行人			东北角行人		
	往西北	往东南	往东北	往西南	往东北	往东南	往西南	往东北	往西北	往西北	往东南	往西南
优化前	26s	115s	133s	26s	250s	115s	115s	23s	115s	115s	23s	115s
优化后	31s	35s	62s	31s	39s	96s	64s	31s	76s	34s	31s	91s
节约时间	-5s	80s	71s	-5s	211s	19s	51s	-8s	39s	81s	-8s	24s

案例总结

重庆市两个交叉口的行人信号过街由于一个位于学校周边，另一个位于商圈周边，所以行人流量较大，且与机动车之间的冲突较为严重，导致行人在路口过街的秩序混乱、等待时间过长、过街时间不足等问题。本案例在保持大部分绿灯时间不变的基础上，通过拆分相位、优化分段控制顺序、增加特定进出相位等方式，大大减少了行人的等待时间，实现行人在一个周期内能连续过街，减少行人在中间安全岛的停留时间，确保了行人过街安全性。

保证交叉口行人过街时间、消除人车冲突可从行人过街信号分段控制等措施入手：

1）可通过提前结束右转机动车相位，让行人能够提前进入安全岛等待过街，提高行人通行效率。

2）可通过拆分行人过街相位，解决行人过街时间不足的问题。

3）通过合理调整相序，对机动车相位进行早断，以消除机动车与行人冲突。

4）可通过压缩右转机动车通行时间，增加进出右转渠化岛的行人小相位，减少行人等待时间。

5）利用其余非冲突机动车相位来补足较短的行人通行相位，以保证行人过街时间。

典型交叉口行人过街信号优化

引言

行人过街一直是交叉口人车冲突的重点所在,尤其是在城市核心区的交叉口,由于机动车流量大,容易产生拥堵,所以信号放行时间会更多考虑机动车通行,就会造成行人过街时间不足、等待时间过长等问题,进而容易导致行人闯红灯,引发交通事故。

案例选择的广州增城的四个典型路口,具有较强代表性。案例一的路口附近以商业住宅区为主,高峰期人流量、车流量大,存在人车冲突严重、行人等待时间过长的问题,通过取消直右混合车道,取消全行人专用相位,重新设置行人相位,并进行配时优化,保证了行人过街需求;案例二的路口位于多所学校附近,上下学高峰期,行人放行时间无法满足集中出来的学生通行,通过设置上放学配时预案,有效保障了学生过街安全;案例三路口通行的行人多为老人和小学生群体,其特点是步速较慢、通行时间需求相对较长,为保障其通行时间需求,将路口最小绿灯时间按行人过街最低时间设置,重新设计了配时方案;案例四路口现状对右转机动车实施黄闪控制,但是仍然存在行人与右转机动车冲突问题,通过增设右转信号控制相位,有效避免了行人与机动车的冲突。

本案例从优化行人信号配时、完善交通设施、划分多时段配时等方法,为城市行人过街信号优化设计提供了借鉴思路。

优化思路

根据道路的实际情况,按照"以人为本,对症下药"的原则,针对不同类型的问题采取不同的优化措施。主要有以下几条思路:

➤ 采用搭接相位、提高行人过街体验感

未设计右转渠化岛,且采取四进口轮放相位加全行人专用相位的交叉路,普遍存在行人过街等待时间较长,且过街时间较短的问题,通过采用相位搭接的方式取消全行人相位,降低路口周期,减少行人过街等待时间,增加行人过街的时间。

➤ 多时段行人过街配时方案

常规时段与特殊时段行人过街需求差异较大,特殊时段行人过街时间不足的路口,设置两套行人配时方案(常规/特殊),通过信号控制系统灵活调用两套方案,既能满足行人过街时间的需求,又能保证路口自适应模式的正常使用。

➤ 设置行人过街最小绿灯时间

低峰时段路口周期较小,易导致行人过街时间不足,通过对行人绿灯设置最低保障时间,解决行人过街时间不足的问题。

▶ **黄闪信号灯优化**

针对右转黄闪信号灯与行人过街冲突的问题，评估冲突的影响，按需将部分右转黄闪信号灯改为红绿信号灯控制，保障行人过街的安全。

下面，以此次排查的四个典型路口为例，详解不同行人过街问题的优化过程。

【案例一】光明西路－荔乡路口

概况及问题

▶ **行人等待时间过长 + 慢速行人较多**

该路口附近以商业住宅区为主，高峰期人流量、车流量同步增大。原方案中，光明西路沿线 4 个路口均采用四进口轮放相位加全行人专用相位的组合方式，这导致了以下问题：

1）全行人专用相位的设置增大了路口周期，红灯等待时间较长。
2）高峰期各进口车流排队较长。
3）老人、小孩等慢速行人的过街时间稍显不足。
4）过对角的行人需二次等待过街。

路口基础信息如图 1~ 图 3 所示。

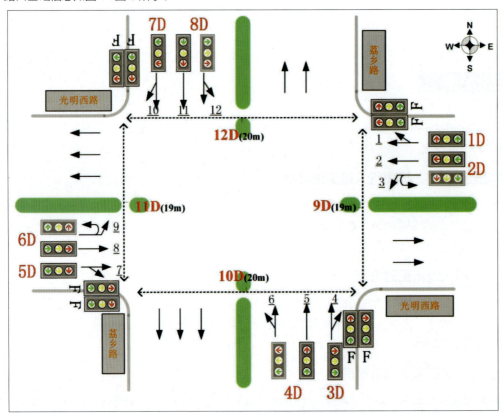

图 1　光明西路－荔乡路基础信息图

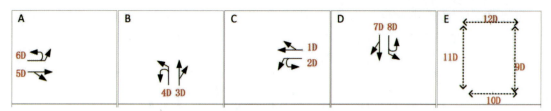

图2 光明西路-荔乡路相位图

图3 光明西路-荔乡路南北进口排队长度（优化前）

优化措施

1）取消直行右转混合车道，更改为右转专用车道单独控制，根据各个进口左转与直行车流占比重新调整车道标线，调整情况如图4所示。

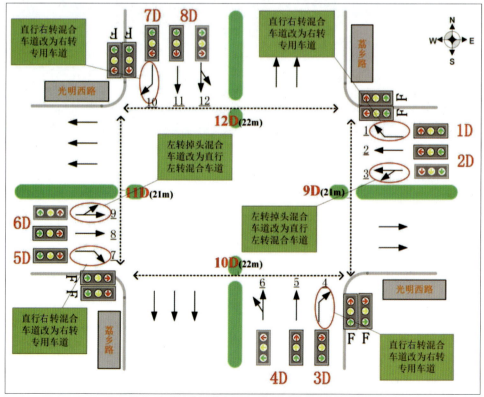

图4 光明西路-荔乡路地面标线示意图（优化后）

2）取消全行人专用相位，将行人设置在机动车相位中过街，右转单独控制，优化后相位如图5所示。

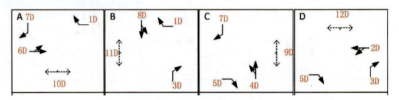

图5　光明西路－荔乡路相位图（优化后）

优化效果

因取消了全行人专用相位，行人信号灯与机动车信号灯一同放行，各进口的绿信比均有一定的增加，既增加了机动车的放行时间，也增加了行人过街时间，如图6所示。

在上下学、上下班期间，该路口周期一般为180s，优化前行人过街时间22s，行人过街等待时间158s，优化后行人过街时间最低为38s，行人过街等待时间最长为142s。相比较优化前，行人过街时间优化率为42%，行人过街等待时间优化率为10%，行人过街速度要求由原来的1m/s减少至0.58m/s，极大地保证了慢速行人的过街需求。

图6　光明西路－荔乡路南北进口排队长度（优化后）

通过相序的优化，实现了部分过对角的行人能体验"绿路"效果，连续绿灯通过两条斑马线，如图7所示。

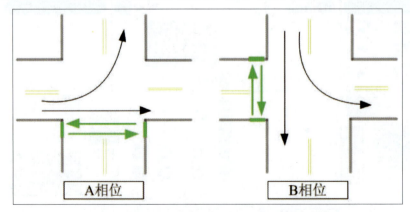

图7　光明西路－荔乡路路口行人过街"绿路"示意图

【案例二】增江大道体育馆路口

概况及问题

➢ 配时方案不精细 + 慢速行人较多

该路口南北向是进出城方向，车流量比较大且不稳定。东边有多所中学但全天车流量较小；北侧行人过街长度23m，平时该进口的放行时间设置成24s，满足北侧的行人过街需求。周五下午学生放假及周日学生返校时段，北侧行人急剧增多，行人过街时间严重不足。具体如图8~图10、表1所示。

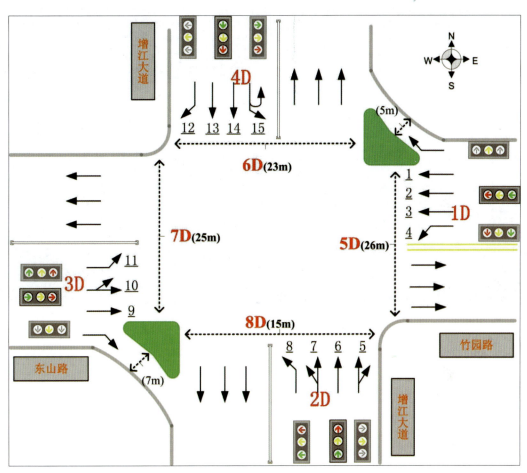

图8 增江大道体育馆路口基础信息图

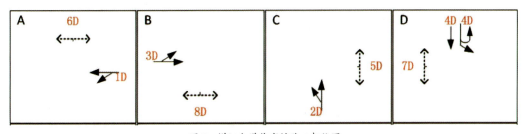

图9 增江大道体育馆路口相位图

表1 增江大道体育馆路口配时方案（优化前）

相位	方案1	方案2	方案3	方案4	方案5	方案6	方案7	方案8
A	24s	24s	24s	24s	24s	24s	24s	24s
B	27s	25s	22s	22s	25s	24s	25s	24s
C（主相）	23s	22s	21s	19s	26s	18s	23s	12s
D	26s	29s	33s	37s	25s	34s	28s	40s

图10 上下学时段行人过街情况（优化前）

优化措施

设置上下学配时预案，增加北侧行人过街时间。在周五及周日行人过街高峰期调用预案，常规情况下采用原配时方案，如表2所示。

表2 周五、周日上下学时段配时方案（优化后）

相位	方案1	方案2	方案3	方案4	方案5	方案6	方案7	方案8
A	30s	30s	30s	30s	30s	30s	30s	30s
B	26s	24s	20s	20s	24s	23s	23s	23s
C（主相）	19s	18s	19s	15s	22s	15s	20s	9s
D	25s	28s	31s	35s	24s	32s	27s	38s

优化效果

常规情况下优先机动车放行,行人高峰期优先行人过街,保障了学生过街安全,如图11所示。

图11 上下学时段行人、车辆通行情况良好(优化后)

【案例三】荔城大道荔星路口

概况及问题

➢ 慢速行人较多 + 行人过街时间不足

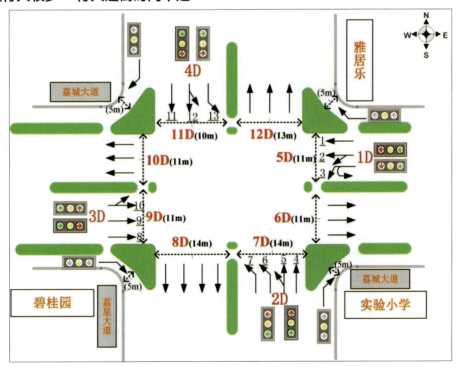

图12 荔城大道－荔星大道路基础信息图

139

该路口附近有 3 个比较大型的住宅区，且东南角是实验小学，老人、小学生等慢速行人较多。该路口主要的车流方向是东西向，南北向车流较少。南北进口在平峰及低峰期车流较少的情况下，放行时间为最小绿路时间 20s，但东西侧行人过街长度为 24m，出现过街时间不足的现象。具体如图 12、图 13 所示。

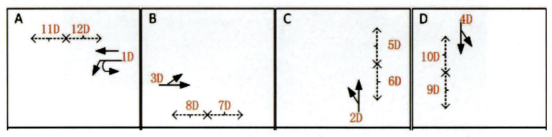

图 13 荔城大道荔星路口相位图

优化措施

在保障路口车流放行基本需求的前提下，将路口绿灯最小时间按行人过街最低时间进行设置。考虑到该路口老人、小学生等慢速行人较多，将南北进口的最小绿灯时间由 20s 变更为 28s。将路口行人信号灯的绿灯倒计时模式由 9s 改为全倒计时，便于市民判断是否能通过路口，减少行人通过半段斑马线行人信号灯变红灯的情况，如图 14、图 15 所示。

优化效果

优化后东西侧行人过街速度由 1.2m/s 减少至 0.85m/s，提高了行人过街的时间，改善了行人过街的体验。后续将调整行人过街相位设计，增加行人过街的通行次数，减少等待时间。

图 14 行人信号灯倒计时模式（优化前）

图 15 行人信号灯倒计时模式（优化后）

【案例四】荔城大道－菜园路

概况及问题

> **行人与右转黄闪信号灯的冲突 + 交通设施不完善**
> 该路口南北进口无右转渠化岛，右转箭头灯是黄闪模式，右转车辆不受控制，出现右转车辆与行人冲突的情况，如图16、图17所示。

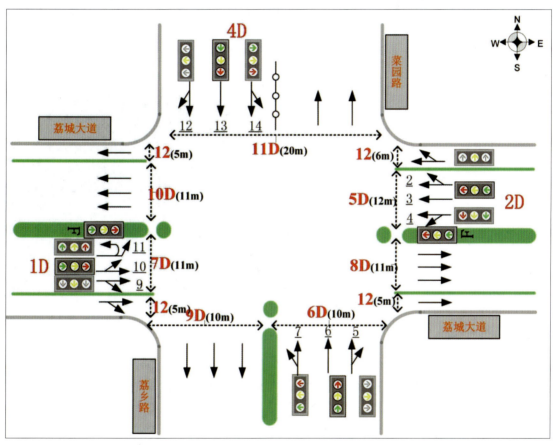

图16 荔城大道－菜园路基础信息图

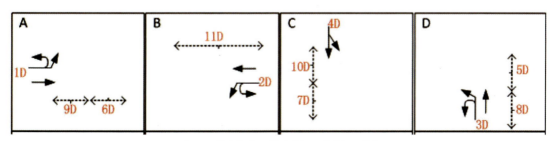

图17 荔城大道－菜园路相位图（优化前）

优化措施

将南、北进口右转黄闪信号灯更换成红绿灯控,并且采用搭接相位的方式解决人车冲突问题,如图18所示。

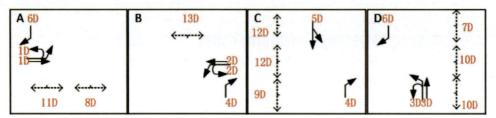

图18 荔城大道菜园路口相位图(优化后)

优化效果

采取此种相位方案后,有效地分离了右转车流与行人,保障了行人过街的安全,如图19所示。

图19 无人车冲突情况(优化后)

案例总结

广州增城的四个典型路口位于主城区繁华地段,行人流量较大,与机动车冲突较为严重。四个案例均存在现状配时方案不精细、行人过街时间不足、行人等待时间过长、行人与右转机动车冲突等问题,通过对信号配时方案优化调整保证行人过街时间、采用搭接相位缩短行人过街等待时间以及设置多时段行人过街配时方案等措施,按照"以人为本,对症下药"的原则,对不同类型问题精准施策,保障了行人过街需求及安全性。

保证交叉口行人过街安全和效率,应根据不同场景对行人信号开展优化设计:

1)针对未设计右转渠化岛,且采取四进口轮放相位加全行人专用相位的交叉口,可通过采取相位搭接的方式,取消全行人相位,减少行人等待时间。

2)针对常规时段与特殊时段行人过街需求差异较大的情况,可针对不同情况设置不同的行人配时方案,既能满足行人过街需求,又能保证路口自适应模式的正常使用。

3)针对周期较短、行人过街时间不足的路口,可通过对行人绿灯设置最低保障时间,解决行人过街时间不足的问题。

4)针对右转机动车与行人过街冲突的问题,可设置控制相位,消除人车冲突,保障行人过街安全。

短距离交叉口绿波协调控制

引言

城市中的短距离交叉口因路口间距较短，蓄流空间有限，而车辆到达较为集中，在高峰期间容易造成排队溢出，严重影响上游车辆的正常通行，导致交通拥堵。

案例选择南宁市唐山秀东路、园湖中华路两个短距离信号交叉口为研究对象，针对两个交叉口之间平峰延误大、高峰回溢等问题，通过对两个路口的信号控制方案进行绿波协调设计，明确交通主流方向，精细划分信号控制时段，大大提高了秀东路的通行效率，减少了回溢现象，充分保障了交叉口的通行秩序。

本案例通过绿波协调、相位调整、精细划分时段等手段，以及采用仿真评估实施效果的方法，为城市短距离信号控制交叉口的交通拥堵改善提供了借鉴思路。

现状及问题分析

秀东路连接唐山秀东路口和园湖中华路口，位于南宁市西乡塘区和兴宁区交界处。园湖中华路交叉口南出口连接快速路，由唐山秀东路口通往园湖中华路口之间的路段车流量大，平峰延误较大，高峰会发生溢流现象，为此南宁市公安局交通警察支队开展优化设计。

图 1　秀东路关键路口分布示意图

▶ 道路基础信息

唐山秀东路口与园湖中华路口之间路段长约为 150m，路段通过铁路桥底，唐山秀东路口面积较小，南进口为双向 5 车道；园湖中华路口面积较大，北进口为双向 7 车道。两个路口之间主要车流为机动车和非机动车，路段之间由铁路桥墩进行机非隔离，总体通行秩序良好。

图 2　秀东路段机非隔离情况

▶ 交叉口调研分析

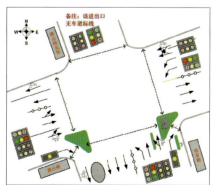

图 3　唐山秀东路口基础信息图

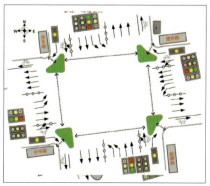

图 4　园湖中华路口基础信息图

▶ 路段调研分析

以路段旅行时间、车辆排队长度对优化前秀东路运行状况进行评价。

表1 路段平峰现状运行指标

方向	交叉口名称	距离/m	平均行程时间/s	平均排队长度/辆
北往南	唐山秀东路口	150	88.5	24
	园湖中华路口			
南往北	园湖中华路口	150	55	13
	唐山秀东路口			

▶ 存在问题

1）平峰行车等待时间长。经过测试，平峰期由北往南平均行程时间为89s，而平均的等待时间就长达40s，几乎为行程时间的一半。这是因为路口间没有做好协调控制，导致大部分行程时间浪费在等待与加减速上，导致行车等待时间过长。

2）高峰路口之间回溢。唐山秀东路口东进口左转车和西进口的右转车多，两个车流汇入南出口，又因为两个路口之间的距离短，高峰时段经常出现唐山秀东路口南出口回溢现象。

图5 优化前北往南路段拥堵情况

优化思路

▶ 两个路口进行绿波协调控制

考虑到秀东路段具备绿波协调设计的条件：路段机非隔离和中央隔离设施完善，主道车辆通行干扰少；两个路口间距为150m左右，距离较短，车辆通行不易离散；两个路口都采用相同型号的信号机，都具备联网功能；路段上同向主流方向较为集中，北往南通过下一路口主要为直行车流，南往北通过下一路口主要为左转车流。

图6 秀东路段主要车流方向示意图

➤ 由北向南进行主相位协调控制

由于路段间北向南总体车流量明显大于南向北的车流量，且也是车流回溢最为严重方向，因此要保障主协调方向（北往南）的最大的绿波带宽，让大部分车辆能够不停车通过下一个路口。

➤ 由南向北进行次要协调控制

由于南往北车流相对较小，重点是通过调整原方案的放行方式和顺序，减少停车次数、等待时间，保障车流能顺畅行驶，提高道路的总体通行效率。

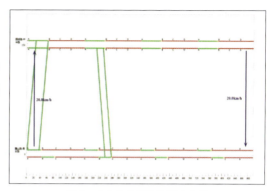

图 7　秀东路段绿波协调示意图

优化措施

唐山秀东路口的相位设计，其中相位 A 唐山路东西左转为主协调相位，与园湖中华路口相位 A 园湖路南北直行相协调，保障北往南主协调方向最大绿波效果。

唐山秀东路口相位 B 拆分了原来的双向直行相位，改为秀东路南进口单边放行，为次要协调相位。在主协调相位结束后，南往北的主要车流即可通过路口。相比原方案极大地减少了停车等待时间，同时在相位 B 后半部分时间通过的车辆同样可以享受到不停车通过的绿波效果。南往北主车流通行效率也得到了明显提高。

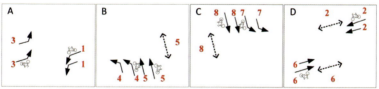

图 8　唐山秀东路口设计方案相位图

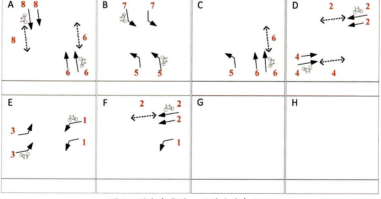

图 9　园湖中华路口设计方案相位图

因为园湖中华路口的临近南宁市东西快速环路进出口的特殊位置，路口的流量特征同样受到了快速环路进出口车流量的影响，相比普通路口变化更加复杂，在对路口配时方案设计时则需要进行更加精细化的划分，将路口放行时段分为5个大阶段13个小时段。

其中，低峰时段为00:00-06:30；过渡时段为06:30-07:00，22:00-00:00；次高峰为07:00-07:30，08:45-10:00；早高峰为07:30-08:45。

因为南北方向主车流高峰持续时间明显长于其他进口方向，晚高峰分为路口总体高峰17:00-18:30（周五/非周五）和路口南北方向高峰18:30-19:30（周五/非周五）；平峰为10:00-15:00（上午），15:00-17:00（下午），19:30-22:00（晚）。

表2 唐山秀东路口设计方案配时表　　　　　　　　　　　　　　（单位：s）

序号	开始时间	结束时间	方案号	方案备注	相序	周期	A 汇总	A 步序	B 汇总	B 步序	C 汇总	C 步序	D 汇总	D 步序
1	00:00	06:30	1	结构1	A-B-C-D	127	36	25+3+3+5	36	25+3+3+5	24	15+3+3+3	31	22+3+3+3
2	06:30	07:00	2	结构1	A-B-C-D	163	54	43+3+3+5	45	34+3+3+5	27	18+3+3+3	37	28+3+3+3
3	07:00	07:30	3	结构1	A-B-C-D	173	59	48+3+3+5	48	37+3+3+5	28	19+3+3+3	38	29+3+3+3
4	07:30	08:45	4	结构1	A-B-C-D	210	72	61+3+3+5	71	60+3+3+5	28	19+3+3+3	39	30+3+3+3
5	08:45	10:00	5	结构1	A-B-C-D	174	58	47+3+3+5	53	42+3+3+5	27	18+3+3+3	36	27+3+3+3
6	10:00	15:00	2	结构1	A-B-C-D	163	54	43+3+3+5	45	34+3+3+5	27	18+3+3+3	37	28+3+3+3
7	15:00	17:00	6	结构1	A-B-C-D	173	56	45+3+3+5	55	44+3+3+5	27	18+3+3+3	35	26+3+3+3
8	17:00	18:30	7	结构1（周五除外）	A-B-C-D	214	72	61+3+3+5	71	60+3+3+5	30	21+3+3+3	41	32+3+3+3
9	17:00	18:30	8	结构1（周五）	A-B-C-D	219	75	64+3+3+5	73	62+3+3+5	30	21+3+3+3	41	32+3+3+3
10	18:30	19:30	9	结构1（周五除外）	A-B-C-D	195	64	53+3+3+5	63	52+3+3+5	29	20+3+3+3	39	30+3+3+3
11	18:30	19:30	10	结构1（周五）	A-B-C-D	200	67	56+3+3+5	65	54+3+3+5	29	20+3+3+3	39	30+3+3+3
12	19:30	22:00	2	结构1	A-B-C-D	163	54	43+3+3+5	45	34+3+3+5	27	18+3+3+3	37	28+3+3+3
13	22:00	00:00	1	结构1	A-B-C-D	127	36	25+3+3+5	36	25+3+3+5	24	15+3+3+3	31	22+3+3+3

表3 园湖中华路口设计方案配时表　　　　　　　　　　　　　　（单位：s）

序号	开始时间	结束时间	方案号	方案备注	相序	周期	A 汇总	A 步序	B 汇总	B 步序	C 汇总	C 步序	D 汇总	D 步序	E 汇总	E 步序	F 汇总	F 步序
1	00:00	06:30	1	结构1	A-B-D-E	127	38	30+3+3+2	28	20+3+3+2			33	25+3+3+2	28	20+3+3+2		
2	06:30	07:00	2	结构1	A-B-D-E	163	56	48+3+3+2	33	25+3+3+2			34	26+3+3+2	40	32+3+3+2		
3	07:00	07:30	3	结构1	A-B-D-E	173	70	62+3+3+2	31	23+3+3+2			31	23+3+3+2	41	33+3+3+2		
4	07:30	08:45	4	结构3	A-B-D-E-F	210	78	70+3+3+2	46	38+3+3+2			32	24+3+3+2	28	20+3+3+2	26	18+3+3+2
5	08:45	10:00	5	结构1	A-B-D-E	174	63	55+3+3+2	34	26+3+3+2			33	25+3+3+2	44	36+3+3+2		
6	10:00	15:00	2	结构1	A-B-D-E	163	56	48+3+3+2	33	25+3+3+2			34	26+3+3+2	40	32+3+3+2		
7	15:00	17:00	6	结构1	A-B-D-E	173	60	52+3+3+2	36	28+3+3+2			31	23+3+3+2	46	38+3+3+2		
8	17:00	18:30	7	结构2 周五除外	A-B-C-D-E	214	78	70+3+3+2	28	20+3+3+2	28	20+3+3+2	34	26+3+3+2	46	38+3+3+2		
9	17:00	18:30	8	结构2 周五	A-B-C-D-E	219	83	75+3+3+2	28	20+3+3+2	28	20+3+3+2	34	26+3+3+2	46	38+3+3+2		
10	18:30	19:30	9	结构2 周五除外	A-B-C-D-E	195	71	63+3+3+2	28	20+3+3+2	28	20+3+3+2	30	22+3+3+2	38	30+3+3+2		
11	18:30	19:30	10	结构2 周五除外	A-B-C-D-E	200	76	68+3+3+2	28	20+3+3+2	28	20+3+3+2	30	22+3+3+2	38	30+3+3+2		
12	19:30	22:00	2	结构1	A-B-D-E	163	56	48+3+3+2	33	25+3+3+2			34	26+3+3+2	40	32+3+3+2		
13	22:00	00:00	1	结构1	A-B-D-E	127	38	30+3+3+2	28	20+3+3+2			33	25+3+3+2	28	20+3+3+2		

实施评估

▶ 仿真评估

运用交通仿真软件对路口方案优化前后方案都进行了仿真建模分析。

图 10 秀东路优化前仿真评估

图 11 秀东路优化后仿真评估

经过验证,路口仿真流量与实际车流量吻合度达到 96%,误差范围在 5% 以内,属于可靠数据。

表 4 秀东路段优化前后仿真指标对比表(北往南)

类别	平均行程时间 /s	平均停车次数	平均停车时间 /s
优化前	88.5	1.2	40
优化后	36	0.13	11
优化率	59.3%	89.1%	72.5%

表 5 秀东路段优化前后仿真指标对比表(南往北)

类别	平均行程时间 /s	平均停车次数	平均停车时间 /s
优化前	55	1	25
优化后	41	0.82	14
优化率	25.4%	18%	24.2%

▶ 实施评估

对园湖中华路口进行了标线改造,增设三个方向的左转弯待转区,并对路口的配时方案进行了重新调整,符合与唐山秀东路口协调方案设置的需求和流量变动情况。分时段全天实施绿波协调方案的秀东路,在白天平峰时段,北往南主要协调方向大部分车流可以不停车通过,行程时间为约 36s,比原先减少约 1min,保证了车流的畅通行驶。

通过对唐山秀东路口南进口直左单边通行相位的调整设置,并根据路口实际交通需求提高了该相位绿信比。秀东路段南往北的车辆在到达路口后只需短暂等待即可通过路口,有效减少了秀东路段南往北的车辆等待时间,提高了通行效率。

表 6 路口高峰期持续时间优化前后对比

中华园湖路口	方案实施前持续时间	方案实施后持续时间	实施后减少时间 /min	减少比例
早高峰	07:20-08:30	07:20-08:15	15	21.5%
晚高峰	17:20-19:30	17:25-19:00	35	26.9%

表7 秀东路段协调通行能力优化前后对比

时间	通行能力/（pcu/h）		提高率
	优化前	优化后	
平峰期	914	1023	12%
晚高峰	1190	1262	6%

图12 秀东路段优化后实拍图（北往南）

▶ 数据评估

在实施优化方案后，路段全天拥堵指数均有不同程度下降，其中早高峰下降20%，拥堵缓解最为明显。

图13 优化前后高德地图拥堵指数历史对比图

案例总结

南宁市唐山秀东路、园湖中华路两个信号控制交叉口由于相距较近，车辆等候红灯时排队空间不足，存在平峰期间延误大、高峰期间排队车辆回溢的问题，通过对两个交叉口的信号配时方案进行绿波协调设计、确定交通主流方向并保障其通行优先、精细划分信号控制时段等措施，优化交通流组织管控，大大地提高了秀东路的通行效率，减少了路口出口交通流回溢现象的发生。通过应用仿真模型对该优化策略进行分析评估，确认其有效性后，再对实际路口进行优化改造。改造之后，两个路口之间的通行时间相比之前减少了1min，并且路段的全天拥堵指数均有不同程度下降，其中早高峰下降最为明显，为20%。

短距离信号控制交叉口开展信号优化设计应考虑：

1）对于城市相隔间距较近的两个信号控制交叉口，如果排队出现回溢现象，建议采取绿波协调控制，以减少车辆在路口之间的停留。

2）绿波协调控制需要根据流量大小，确定交通主要流向，并根据主要流向确定主要协调相位。

3）路口的车流量在一天中变化较大，故需要对协调信号控制配时方案的时段进行更加精细化的划分。

4）在优化方案正式实施之前，可以通过仿真模型来对方案实施效果进行预评估，在确认方案的有效性后，再对实际路口进行优化调整。

短间距交叉口协同优化控制

引言

受到城市用地限制和路网规划影响，短间距交叉口路段车辆排队空间极为有限，没有做好信号协调控制或是采用不当的放行相位顺序，可能引起交叉口之间排队车辆聚集、排队溢出甚至发生"锁死"现象。同时，转向车辆在短距离内连续变换车道产生交织，进而影响上下游整体交通的顺畅。

嘉兴市公安局交通警察支队联合公安部交通管理科学研究所对嘉兴市中山路及洪兴路沿线的短间距路口开展了信号控制优化研究。针对排队溢出、通行效率低的问题，根据实地情况采取不同的信号控制优化措施，重点通过合理设置相位相序、保证主流向交通流快速通行、增加搭接相位等手段，科学设计信号协调控制方案。控制方案实施后，路段的通行效率明显提升，车辆排队溢出现象消失。

本案例从短间距路口信号协调控制方案设计、搭接相位设计等方面，为城市短间距路口的信号控制优化提供了借鉴思路。

控制策略

相邻交叉口由于间距较近，容易发生排队溢出现象；另外，转向车辆变换车道也会产生交织，对交叉口通行影响较大。

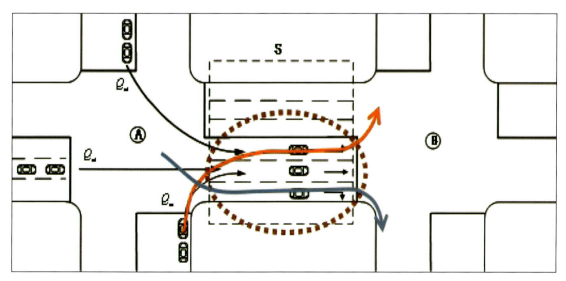

图1　短间距交叉口内转向车辆变道交织

因此，信号控制目标是使交叉口之间不发生溢出或尽量减少排队，重点是使得进入交叉口的车辆能顺利驶离交叉口而不在路段长时间排队，并根据信号机控制路口数量的区别，采取不同的控制策略。

➤ **一台信号机控制：相位相序的合理设置**

车辆在进入交叉口放行之前，可设置交叉口清空相位，使车辆进入两交叉口之间时不产生排队。在进入交叉口方向绿灯放行结束之后，通过相位设置，保证进入车辆能及时驶出交叉口。相位4和相位5的作用即是清空交叉口之间的排队车辆。

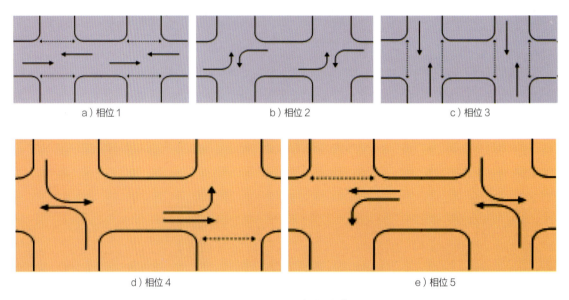

图2 短间距交叉口典型放行相位

➤ **两台信号机分别控制：协调联动控制**

两路口之间需通过相位实现联动协调控制，同时优化设置放行相位。两交叉口在常规四相位放行的基础上，可增加搭接相位，保证交叉口之间排队车辆及时通过。

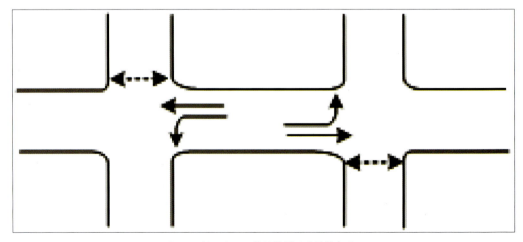

图3 短间距交叉口协调控制设置搭接相位

【案例一】相邻 T 型交叉口清空相位

交叉口概况及问题

中山路-吉水路与中山路-洪波路交叉口相距约为 100m，两交叉口均为 T 型且由一台信号机控制，中山路为双向 6 车道，吉水路、洪波路均为双向 2 车道。

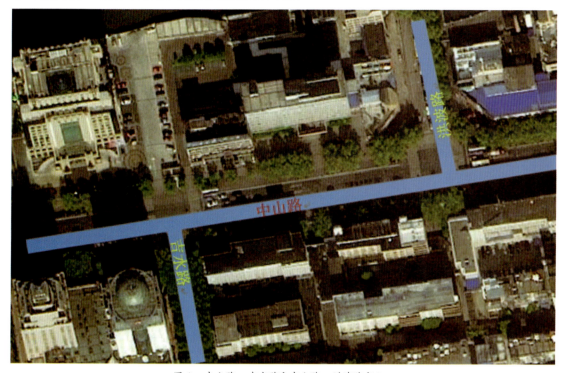

图 4 中山路-吉水路和中山路-洪波路交叉口

该交叉口主要交通流向为东西方向，由于流量较大，排队空间有限，现有的信号控制方式设置不够合理，交叉口经常发生交通拥堵，高峰期平均排队车辆约为 10 辆，甚至溢出到上游交叉口。两个 T 型交叉口之间的左转车辆对直行车辆影响较大，例如从吉水路至洪波路的车辆，需在有限的空间内变换车道，如果左转车道排队车辆较多，则很难及时变换至左转车道，进而会影响跟随其后的直行车辆。

a) 车辆排队

图 5 中山路-吉水路和中山路-洪波路交叉口

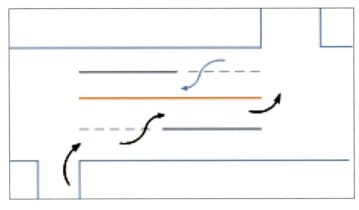

b）车辆换道过程

图 5 中山路－吉水路和中山路－洪波路交叉口（续）

控制方法及效果

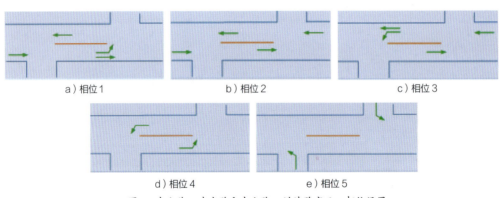

图 6 中山路－吉水路和中山路－洪波路交叉口相位设置

相位 1 中山路－洪波路西进口左转和直行车辆同时放行，主要目的是将左转排队车辆及时清空，便于后续左转车辆进入左转车道；相位 3 中山路－吉水路西进口停止放行，东进口左转开始放行，同时中山路－洪波路西进口继续放行，使两交叉口之间的车辆及时驶出交叉口。

在不同时段，根据交通流量的变化，合理设置各相位的时间，早晚高峰期间，各相位时间设置分别为：35s、15s、45s、25s、35s。将提出的相位设置和信号配时方案输入到信号控制机中，实际运行结果显示，高峰期交叉口内排队车辆平均约为 3.5 辆，较之前明显减少。

【案例二】交叉口间信号协调控制

交叉口概况及问题

嘉兴市中环西路－洪兴路交叉口与洪兴路－友谊街交叉口相距仅 50m，分别由两台信号机控制。中环西路为主干路，双向 6 车道，交通流量较大，存在信号协调控制；洪兴路为东西方向次干路，早高峰期间经由洪兴路左转进入中环西路的车辆较多；友谊街为支路，早晚高峰期间进出居住小区的车辆较多。

图 7　洪兴路短间距路口分布示意图

主要问题：通过洪兴路左转进入中环西路以及左转进入友谊街的车辆对交通流影响大，由于路段排队空间不足，经常发生排队溢出的情况，影响道路正常通行；且洪兴路-友谊街交叉口存在机非冲突，影响慢行交通安全。

优化思路

洪兴路段在道路隔离设施、路口间距及信号机等方面都具备协调控制的条件。

▶ 确定协调控制方向

在保证中环西路南北协调的前提下，重点是通过协调路段间东西向车流，加快洪兴路左转车辆的放行效率，减少停车次数、等待时间。

▶ 路口相位方案优化

优化放行相位，调整原方案的放行方式和顺序，在常规四相位放行的基础上增加搭接相位，保证交叉口之间排队车辆及时通过。

▶ 设置不同时段的公共周期及相位差

根据不同时段的车流情况，合理计算两个路口的公共周期及相位差，高峰尽量减少排队长度，平峰力求不停车一次通过。

控制方法及效果

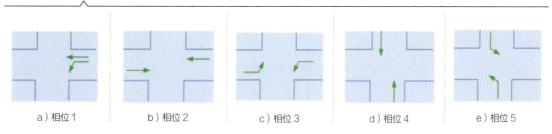

a）相位1　　b）相位2　　c）相位3　　d）相位4　　e）相位5

图 8　中环西路-洪兴路交叉口相位设置

相位1的主要目的是将左转排队车辆提前放行，以便用于后续左转车辆排队，根据路口的具体情况以及不同时段的左转排队长度，相位1的时间一般设置为10~20s。

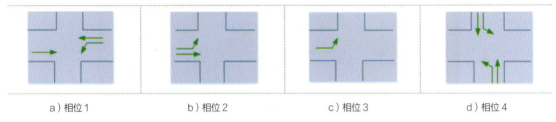

a）相位1　　　　b）相位2　　　　c）相位3　　　　d）相位4

图9　洪兴路-友谊街交叉口相位设置

相位1中，东进口左转车辆非常少，且地面车道功能为左转和直行公用，故设置东进口直行和左转同时放行；相位3的设计主要考虑西进口非机动车左转，故将机动车直行灯变为红灯，设置为左转专用相位，方便左转非机动车通行，减少机非冲突；南北方向均为一个进口道，故南北方向左转和直行同时放行。

根据不同时段的交通流量设置公共周期，针对两交叉口的距离，设置高峰期相位差为15s，即中环西路-洪兴路交叉口信号滞后于洪兴路-友谊街交叉口15s放行。早晚高峰选取公共周期为160s，从而根据各方向车流确定各相位绿灯时长。

优化后中环西路-洪兴路交叉口东进口左转车辆能及时通过交叉口不至于产生较长排队影响直行车辆的通行，洪兴路-友谊街交叉口西进口左转车辆也没有出现较长排队。另外，长时间观测结果显示，均没有出现排队溢出的情况。

案例总结

嘉兴市两个短间距信号控制交叉口由于排队空间极为有限，车辆聚集、排队溢出的现象时常发生，而且转向车辆因为需要在短距离内连续变换车道而产生大角度交织，导致上下游整体交通受到不利影响。为有效解决此问题，嘉兴市公安局交通警察支队联合公安部交通管理科学研究所，根据具体情况分别采取不同的信号控制优化措施：当一台信号机控制两个交叉口时，通过调整相位相序，合理设置交叉口清空相位，使车辆进入两交叉口之间不产生排队；当两台信号机分别控制两个交叉口时，通过信号协调控制，并增加搭接相位等方式，保证主车流方向的快速通行。优化控制方案实施后，路段的通行效率明显提升，车辆排队溢出现象消失。

短间距交叉口信号协同优化应考虑：

1）当两个路口由一台信号机控制时，应合理设置相位相序，使得车辆进入两交叉口之间时不产生积压排队。

2）当两个路口由两台信号机控制时，应根据主车流方向，设置协调控制方案确保主交通流方向通行，减少停车次数和等待时间。

3）针对不对称的交通流量，可以在常规四相位的基础上增加搭接相位，保证交叉口之间排队能够及时清空。

4）根据不同时段的车流情况，合理计算两个路口的公共周期及相位差，高峰尽可能减少排队长度，平峰力求不停车通过。

五叉环岛信号控制优化

引言

五叉环岛交叉口因其几何形态特殊,交通流向复杂,冲突点多,车辆通行时间较长,信号配时方案优化困难,高峰期间路口饱和度较高,延误较大,常常容易成为城市交通中的事故黑点和堵点。

南充市五星花园五叉环岛位于最繁华的市中心,路口车流量、人流量巨大,早晚高峰时段处于超饱和状态。南充市公安局交通警察支队联合广东振业优控科技股份有限公司对环岛实施改造,通过采取相关管控措施,提高路口通行效率。

本案例从信号优化设计、停车管理、行人联动等方面为城市环岛信号交叉口的控制方案优化设计工作提供了借鉴思路。

现状及问题分析

南充市五星花园五叉环岛始建于1949年,位于南充市最繁华的市中心,由文化路、涪江路、人民南路、模范街和人民中路交汇而成,周边区域汇集着众多医疗、教育、商业等资源,路口车流量、人流量巨大,早晚高峰时段处于超饱和状态。

由于五星花园环岛周边及文化路、人民中路地下行人过街设施即将封闭,周边行人过街需通过地面予以组织。为了最大限度减轻地下行人通道封闭给城市交通带来的影响,确保道路交通畅通和安全,需要对五星花园环岛路口及周边道路的交通组织进行优化改造,并对改造的交通组织制订匹配的信号控制方案。

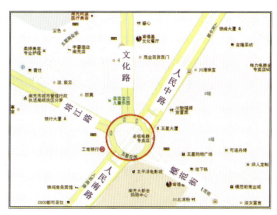

图1 五星花园环岛路口位置图

主要问题

▶ 岛内秩序混乱

五星花园环岛路口地处市中心繁华地段,车流大,环岛采用"控进不控出"的策略(即只控制入环车流,不控制出环车流)及两相位的信号控制方案,交通秩序混乱,存在严重的车辆冲突和交通安全隐患。

图2 优化前岛内秩序混乱

➢ **进口道排队过长**

　　早晚高峰环岛路口处于饱和状态，通行能力有限，达到路口承载极限，排队过长造成交通拥堵。

图 3　优化前交叉口排队长度过长

➢ **南出口商场出入交通干扰大**

　　人民南路出口靠近公交站及新世纪购物广场，购物广场周边出入口车流及路边停车上下客对车流阻碍较大，车流消散缓慢。

图 4　人民南路出口交通干扰

➢ **人民路通行存在瓶颈**

　　人民路建有下穿通道，路面道路从下穿处缩窄，从 3 车道缩窄为 2 车道，车流通行受道路变窄影响大。

图 5　人民南路出口通行瓶颈

➢ 掉头车辆影响出口车辆通行

由于道路条件有限，人民路出口为3车道，掉头车辆需要横跨2条车道，与出口处其他通行车辆交织严重，阻碍环岛车流的疏散。

图6 掉头车辆影响出口车辆通行

➢ 行人设施改造后测算人流量较大

经调查测算，五星花园周边11个行人设施正常情况下每小时通行约8000~14000人，若遇重大节假日或邻近春节期间，行人流量将达到每小时30000人以上；改造后，11个地下行人出入口将变为5个地面行人过街设施，预计每个行人过街设施每小时需通行约2000人。

优化思路

由于环岛路口流量已超出路口自身通行能力，原有环岛交通设计已不能满足交通现状需求，需要配合封闭地下行人设施，在五个进口道增设路面行人设施的改造工程，一并对环岛进行优化设计，主要优化思路如下：

➢ 设施改造、严管停车

针对大流量的过街行人，增设人行横道及行人过街信号灯，分离人车冲突，保障过街安全；同时严管停车以整治商场周边秩序，防止商场进出口车辆随意停靠。

➢ 出入环岛车流信号联动

针对岛内秩序混乱、安全隐患、出口车流交织等问题，保留现有环岛控制入环车流的方式，在环岛内新增信号灯，增加出岛车流的控制，从而分离冲突交通流，同时优化配时方案，控制单位时间入环车辆数。

➢ 行人过街（外层）与环岛（内层）信号联动

为避免出现环岛内车辆空放或交通锁死等现象，需要综合考虑各进口道的行人过街放行与环岛的车流放行，在分离人车冲突的基础上，保障交通畅通。

➢ 环岛周边区域联动控制

针对通行瓶颈、排队过长等问题，协调联动周边信号控制路口，平衡区域车流分布。

优化措施

➢ 路口改造设计

1）对环岛五个进口道增加行人过街设施。人民中路、人民南路、文化路、涪江路、模范街五个进口道路面增设行人过街设施及信号灯。人行横道宽度10米,并区分人流流向,防止过街行人的相互冲撞;各人行横道增设隔离桩,防止车辆随意掉头和左转。

2）严管停车。文化路全路段、人民中路全路段、五星花园环岛内、人民花园环岛内禁止机动车停放,配套违法停车电子警察摄录系统。

3）岛内增设停止线及出环信号灯,控制车流驶出,消除车流冲突。

4）保留五星花园周边原行人过街应急开口。

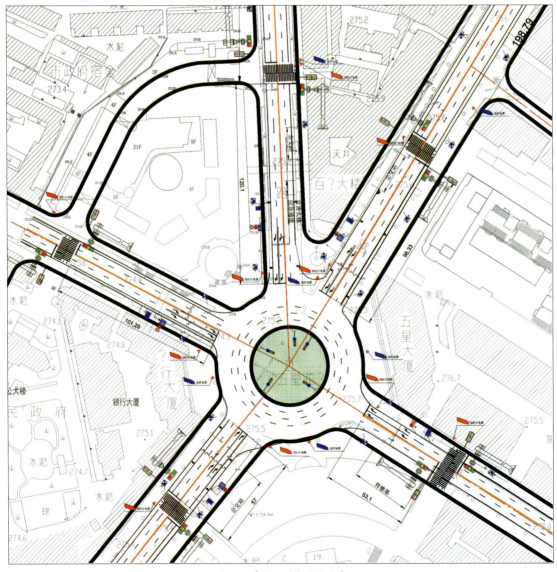

图7 环岛行人过街设施改造

信号联动控制

新建的行人过街设施需与环岛灯控实现联网协调控制，具体设计如图 8 所示：

一是入环车流的控制与出环车流的控制结合，减少车流交织；二是在进行环岛及周边行人过街相位设计时，将其作为一个整体，环岛信号灯为内层，各进口道新增行人信号为外层，其相位方案设计如下：

第一相位：外层放行文化路、人民中路、人民南路车辆进入内层，同时放行涪江路、模范街行人过街；内层 5 号、8 号灯组绿灯放行人民中路、人民南路车辆进入环岛，环岛内 2 号、4 号信号灯放行。

第二相位：外层放行文化路、人民中路、人民南路车辆进入内层，同时放行涪江路、模范街行人过街；内层 5 号、6 号、8 号灯组绿灯放行文化路、人民中路、人民南路车辆进入环岛，环岛内 2 号、4 号灯组放行。

第三相位：内层环岛内部 1 号、2 号、3 号、4 号灯组放行（灯组 1 比灯组 3 迟启动 6s），清空环岛内车流；外层文化路、人民中路、人民南路、涪江路、模范街机动车放行，配合环岛车流清空。

第四相位：外层放行涪江路、模范街车辆进入内层，同时放行人民中路、文化路、人民南路行人过街；内层 7 号、9 号灯组绿灯放行涪江路、模范街车辆进入环岛，环岛内 1 号、3 号灯组放行。

第五相位：内层环岛内部 1 号、2 号、3 号、4 号灯组放行，清空环岛内车流；外层文化路、人民中路、人民南路、涪江路、模范街机动车放行，配合环岛车流清空。

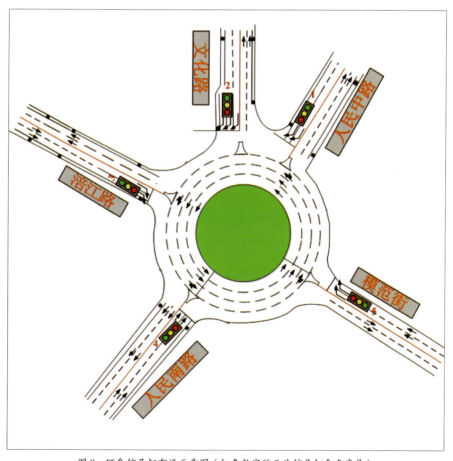

图 8 环岛信号灯布设示意图（红色数字所示为信号灯命名序号）

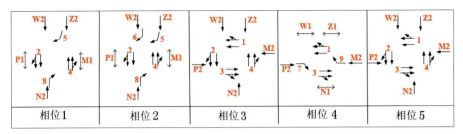

图 9 环岛与周边行人过街联动信号相位方案（灯组 1 比灯组 3 迟启动 6s）

▶ 周边路口协调

在环岛增设行人信号灯控制后，预计对区域交通产生较大影响，为了控制路口车辆排队长度，保障区域交通正常运行，必须对周边路口进行协调控制。根据路口间距、交通流特征及道路条件等评估，选择距离环岛花园路口 80~600m 不等的 9 个交叉口，及行人过街信号处作为协调控制路口，以控制路口车辆排队长度，保障区域交通正常运行为目标，控制从文化路、涪江路、人民南路等多个方向进入环岛的车流速率。

为避免路口间距较短造成排队溢出，模范街行人过街路口与模范街－仪凤街路口需协调放行；人民中路沿线两个行人过街路口与人民中路－三公街路口需协调放行；文化路两个行人过街路口需协调放行；涪江路两个行人过街路口需协调放行。

也就是综合采取"外围截流、内部协调"的信号控制策略。

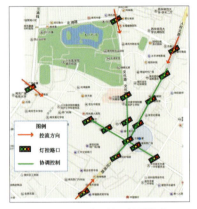

图 10 周边路口协调控制策略

优化效果

▶ 早交通秩序改善

优化前环岛秩序（早高峰 8:10）   优化后环岛秩序（早高峰 8:10）

优化前环岛秩序（晚高峰 18:22）   优化后环岛秩序（晚高峰 18:22）

图 11 高峰时段环岛秩序对比

通过对比优化前后同一时间点的环岛秩序，可以发现优化后进入环岛的车流量减少，环岛的秩序得到明显改善。

▸ 通行能力提高

表1　各时段通行能力分析表　　　　　　　　（单位：pcu/h）

时段 道路	工作日早高峰 （7:50-8:50）		工作日晚高峰 （18:00-19:00）		非工作日午高峰 （14:00-15:00）	
	优化前	优化后	优化前	优化后	优化前	优化后
人民中路	774	1100	885	1183	768	1013
模范街	1018	1152	1089	1280	816	1095
人民南路	1210	1413	1312	1353	1416	1388
涪江路	1136	1185	1165	1291	924	1180
文化路	1183	1116	1213	1321	1176	1150
合计	5321	5966	5664	6428	5100	5826

从表1可以看出，环岛工作日早高峰通行能力提高12.12%，晚高峰通行能力提高13.48%。

▸ 排队长度减少

改造后，虽然新增五个行人过街信号灯，但沿线各信号交叉口、行人过街路口与五星花园环岛进行协调控制，从而避免了车辆因为信控路口过多造成的连续停车，各进口的排队长度相比优化前均有所减少。

▸ 行人过街得到保障

五星花园路口通过与周边行人过街信号协调控制，人民南路在不影响车流通行的情况下，行人过街得到了保障，人民中路的协调也减少了进入环岛的车辆，使环岛运行更顺畅，涪江路、模范街的协调也增加了车流的连续性。

图12　优化后地面行人过街

案例总结

本案例选取南充市五星花园环岛交叉口为研究对象，具有较好的代表性。该路口位于最繁华的市中心，周边区域汇集着众多医疗、教育、商业等资源，路口车流量、人流量巨大，早晚高峰时段处于超饱和状态。研究团队对环岛实施局部工程改造，通过增设各类信号灯、严格停车管理、控制出环车流、联动行人过街与环岛通行信号、协调控制周边路口等措施，整体优化路口控制方案。在"出入环 + 内外层 + 区域"三位一体的信号联动控制下，环岛通行能力、交通秩序和行人过街安全性都有了较大提高。

无信号控制环岛实施信号灯控制并进行信号优化设计应重点考虑：

1）针对环岛内秩序混乱、安全隐患突出、出口车流交织等问题，在环岛内新增信号灯，增加对出岛车流的控制，从而分离冲突交通流，优化配时方案。

2）为避免出现环岛内车辆空放或锁死等现象，综合考虑各进口道的行人过街放行与环岛车流放行的冲突分离，在确保行人安全的基础上，保障环岛交通顺畅。

3）针对环岛排队过长、车辆积压严重等问题，应协调联动周边信号灯控路口，平衡区域车流分布。

主干路信号协调控制优化

引言

城市主干路由于承载了大量的交通流,在高峰期间容易发生拥堵,严重影响城市交通的正常通行,同时也会引发交通事故。因此,科学合理地设置主干路信号配时方案,对疏通城市交通主动脉具有重要意义。

张家口市朝阳大街(纬三路)为东西走向主干路,连接桥东区和桥西区,东接张承高速,西接西苑南路,承载市区东西走向的主要交通流量。由于主干路路段信号灯控制交叉口数量较多,且未进行协调控制,早晚高峰期间,通行效率不高。管理部门通过确定关键交叉口、设计合流相位、精细化配时等技术手段,破解回溢难题,提高通行效率。

本案例从主干路信号协调控制优化、精细化配时、特殊相位设计等方面为城市主干路信号配时优化设计工作提供了借鉴思路。

现状及问题分析

朝阳大街(俗称纬三路)为张家口市东西走向主干道,连接桥东区和桥西区,东接张承高速,西接西苑南路,承载市区内东西走向的主要交通流。路段全长 8km,全路段为双向 4 至 6 车道道路,沿途分布 7 个红绿灯路口。

图 1 纬三桥地理位置

朝阳大街【清水河-滨河路】路段(俗称纬三桥)是连接桥东区和桥西区的重要交通枢纽,早晚高峰清水河路-纬三桥东左转车辆流量巨大,容易造成回溢。同时由于路段红绿灯数量较多,原路口间未进行协调控制,整体通行效率不高。

在张家口交警的统筹下,广东振业优控科技股份有限公司技术团队利用合流相位、精细化配时等技术手段破解回溢难题,并对纬三桥进行绿路协调控制,提高通行效率,提升行车体验感。

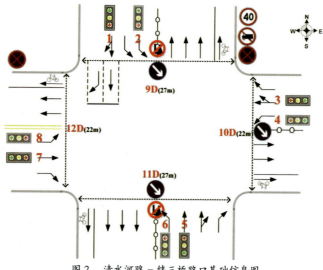

图 2 清水河路-纬三桥路口基础信息图

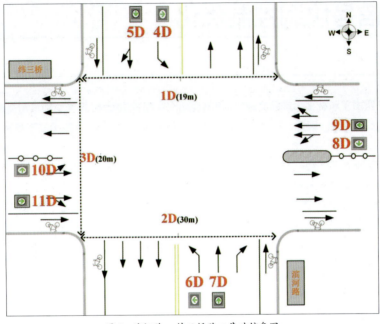

图 3　滨河路-纬三桥路口基础信息图

▶ 清水河路-纬三桥路口

1）东左转车辆排队较长，造成回溢现象。由于东进口左转仅一条车道，早晚高峰车流量巨大，车辆排队较长，且两路口间距离较短，极易回溢至滨河路-纬三桥路口，严重影响该路口东直行车辆的顺畅通行。

图 4　早高峰东进口车辆排队回溢现象

2）南直行和西左转的空放现象。优化前路口的相位放行方式为东西左转和南北直行对放，但是由于东西左转车辆和南北直车辆均存在流量不对称的现象，致使西左转和南直行有明显的空放现象，浪费了一定的绿灯通行时间。

图 5　西进口左转空放现象

图 6　南进口直行空放现象

▶ 滨河路－纬三桥路口

1）车辆回溢造成的路口拥堵。由于清水河路－纬三桥东进口左转车辆回溢，阻碍了滨河路－纬三桥东直行车辆的顺畅通行，后续的直行车辆无法及时通过，需要多次排队。

图7　早高峰回溢造成路口车辆受阻

2）冲突现象。滨河路－纬三桥路口东西放行方式为对放，西左转车辆较少，但仍会与东直行车辆有冲突现象，部分为头车冲突，部分为尾车冲突。此外，车辆回溢造成该路口车辆拥塞，导致北左转车辆与东直行车辆产生冲突。

图8　东进口直行与西进口左转车辆冲突　　图9　东进口直行、西进口左转及北进口左转的车辆汇流冲突

优化思路

▶ "外截内疏"控制策略

"外截"是指对滨河路－纬三桥东进口车辆进行截流，减少上桥车辆；"内疏"是指对清水河路－纬三桥东进口进行疏流，提高纬三桥上东左转车辆的放行效率，保证桥上东左转车辆及时排出。

▶ 合流相位设计

滨河路-纬三桥增加西向通行相位，及时放行西左转车辆，减少东进口直行和西进口左转冲突。

清水河路-纬三桥搭接新的相位，在最大程度放行东进口左转车辆的同时，增大北进口左转通行量，消除纬三桥回溢现象，实现桥上交通的顺畅通行。

▶ 精细化配时

精细化划分高峰和平峰时间段，满足不同时间段的车辆运行需求。

▶ 路段绿波协调

全天优先东往西车流，设置从东向西的单向绿波。尽量将清水河路-纬三桥东进口和滨河路-纬三桥东进口的车辆同时放行，尽快清空桥上东左转排队车辆，最大程度减少桥上车流压力，提高车辆通行效率。

优化措施

▶ 搭接合流相位

经调研发现，清水河路-纬三桥道路条件较好，根据实际需求，搭接新的相位 D 和 G。将 D 相位命名为东向直左，G 相位命名为南北左右，通过信号系统的灯色处理来实现实际放行效果。

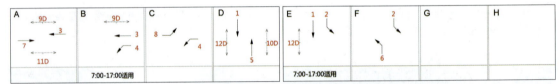

图 10　清水河路-纬三桥相位相序图（优化前）

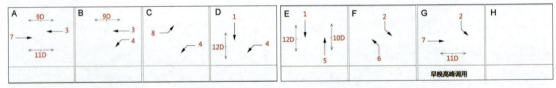

图 11　清水河路-纬三桥相位相序图（优化后）

▶ 时段划分及信号配时

表 1　清水河路-纬三桥路口时段划分及配时方案　　　　　　　　　　　　　　（单位：s）

序号	开始时间	结束时间	方案号	方案备注	相序	周期	相位差	A	B	C	D	E	F	G
1	00:00	05:30	1		E-F-A-C	72		18		18	18		18	
2	05:30	07:00	3		E-F-A-C	85		23		18	26		18	
3	07:00	09:00	14	D东向直左,G南北左右	A-B-C-D-E-F-G	150		15	45	10	16	26	20	18
4	09:00	13:00	12		A-B-C-D-E-F	125		25	30	10	10	24	26	
5	13:00	16:30	12		A-B-C-D-E-F	125		25	30	10	10	24	26	
6	16:30	19:30	13	D东向直左,G南北左右	A-B-C-D-E-F-G	150		15	48	10	16	26	20	15
7	19:30	21:30	4		E-F-A-C	99		23		30	27		19	
8	21:30	23:59	3		E-F-A-C	85		23		18	26		18	

根据实际交通流量在不同时段内的分布，对路口进行时段划分，并根据各时段的交通流量分布，对路口信号配时设计如下：

早晚高峰： 增加 D 北进口直行、东进口左转和 G 北进口左转、西直行合流相位，最大限度满足早晚高峰清水河路 - 纬三桥东进口左转和北进口左转的通行需求。

平峰： 增加 D 北进口直行、东进口左转放行相位，增加清水河路 - 纬三桥东进口左转的通行量。

➢ 纬三桥绿波协调

全天各时段均优先由东往西协调，滨河路 - 纬三桥东西进口通行绿灯启动后，东进口直行车辆可以通过协调快速通过清水河路 - 纬三桥路口，避免了回溢现象的产生。

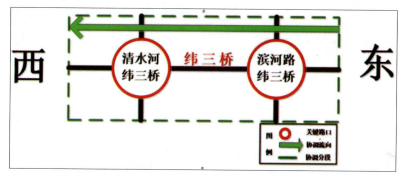

图 12　纬三桥两端路口绿波协调设计图

优化效果

➢ 早高峰优化情况

排队长度： 清水河路 - 纬三桥东左转由 25~30 辆降为 14~20 辆；北进口直行和左转车辆由 20~25 辆降为 15~18 辆。

排队次数： 清水河路 - 纬三桥东左转由 3 次降为 1 次；北进口直行和左转排队由 2 次降为 1 次；滨河路 - 纬三桥东直行排队次数为 2 次。

空放时间： 清水河路 - 纬三桥西进口左转平均空放时间由 12s 降为 2s；南进口直行平均空放时间由 6s 降为 0s。

➢ 晚高峰优化情况

排队长度： 清水河路 - 纬三桥东进口左转由 28~35 辆降为 14~18 辆；北进口直行和左转车辆由 15~20 辆降为 12~16 辆。

排队次数： 清水河路 - 纬三桥东进口左转排队由 3 次降为 1 次；北进口左转排队由 2 次降为 1 次；滨河路 - 纬三桥东进口直行排队次数为 2 次。

空放时间： 清水河路 - 纬三桥西进口左转平均空放时间由 12s 降为 2s；南进口直行平均空放时间由 3s 降为 0s。

➤ 优化前后交通运行情况对比（实景图）

图 13　清水河路－纬三桥东进口优化前后排队情况

图 14　滨河路－纬三桥东进口优化前后路口情况

图 15　清水河路－纬三桥南进口优化前后路口情况

案例总结

张家口市的朝阳大街（纬三路）为东西主干路，该路段信号灯控制交叉口数量众多，且未进行协调控制，早晚高峰期间整体通行效率不高。其中，清水河路－纬三桥东左转车辆流量巨大，容易造成回溢。张家口市交警联合广东振业优控科技股份有限公司技术团队通过优化主干路控制策略、设计合流相位、精细化配时、路段绿波协调等手段，对重点拥堵交叉口及主干路全线进行优化提升。根据数据显示，优化方案实施后，交通拥堵情况得到大大缓解，交通秩序也得到了改善。

城市主干路沿线各交叉口信号优化设计应主要考虑：

1）针对流量较大、拥堵严重的城市主干路，应采取"外截内疏"的控制策略，即对重点拥堵的节点、路段外围进行截流，控制进入拥堵区域的交通流量，并对关键交叉口进行疏导，提高放行效率，保证车辆的及时疏散。

2）针对关键拥堵交叉口，可以采用"合流相位"设计，即在出口车道数较为宽裕的情况下，允许合流的左转和直行车辆同时放行，在该出口处合流，以最大程度地增加放行效率，减少车辆排队。

3）针对高峰和平峰时期的不同交通流量，精细化划分信号控制时段，以满足不同时间段的车辆运行需求。

4）在理清主干路主流向的基础上，设置路段绿波协调，保障主流向交通流的优先通行。

区域交通信号动态优化

引言

城市核心区由于交通发生吸引点众多,出行需求较大,且交叉口密集,高峰期间车流量较为集中,交叉口排队较长,常常面临拥堵严重、事故频发等问题。面对城市交通管理形势新需求,传统的"被动式""经验式"信号管控与优化服务模式逐渐出现不适应,亟需创新变革。

案例选取苏州市吴江主城区为研究对象,具有较强的代表性。该片区内共有174个信号控制路口,早晚高峰期间面临流量集中,排队延长,拥堵加剧等问题。通过综合运用单点实时优化、绿波联控、截流控制、短连线协调等多类信号控制方式,优化单点路口66个、干线41条,热点片区1个,协调控制方法包括单向绿波、截流控制和双向绿波控制,实施之后,片区内信号效率得到明显提升。

本案例从区域控制策略、绿波联控、短间距协调、单点实时优化等方面给片区信号优化提供了借鉴思路。

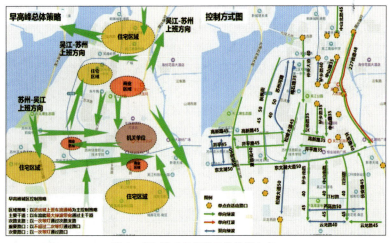

图1 吴江城区早高峰干线协调分布

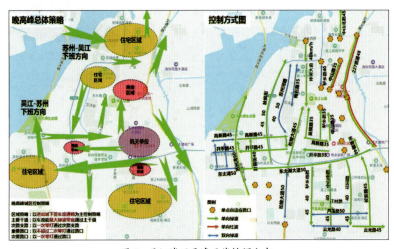

图2 吴江城区平峰干线协调分布

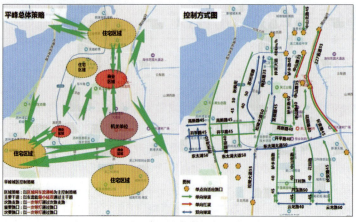

图3 吴江城区晚高峰干线协调分布

运东大道案例

现状及问题分析

吴江区运东大道为开发区的一条重要的南北主干路，北起淞兴路，南至东太湖大道，周边交通吸引源密布，其中运东大道－三兴路交叉口、运东大道－云梨路交叉口、运东大道－山湖西路交叉口位于道路中段，如图4所示，早晚高峰流量集中，平峰时段有较大的通过性需求。

运东大道－三兴路交叉口和运东大道－山湖西路交叉口已安装视频检测摄像机，据信号系统数据统计，全天路口主要流量为南北直行车流。其中运东大道－三兴路交叉口早高峰南进口直行流量最高为842veh/h，北进口直行流量为636veh/h，白天平峰时刻南进口车流量均大于北进口，晚高峰同样南进口直行高于北进口直行车流量，南直行约817veh/h，具体流量如图5所示。运东大道－山湖西路交叉口流量特征与三兴路类似，全天南进口直行流量均大于北进口流量，南进口直行早高峰小时流量为578veh/h，晚高峰为558veh/h，平峰流量在300~400veh/h，北进口相比南进口略低，具体流量分布如图6所示。

图4 运东大道优化交叉口位置

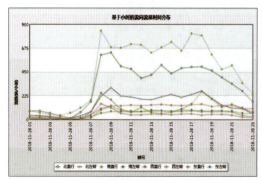

图5 运东大道－三兴路全天流向流量分布

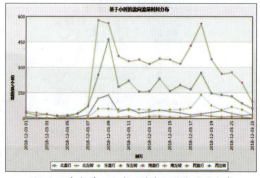

图6 运东大道－山湖西路全天流向流量分布

运东大道-云梨路为吴江开发区进入老城区的重要路口，交通流量主要为东西向直行，同时左转流量较大，南北向次之。

优化前三个路口之间平峰运行效率不高，车辆通行停车次数较多，通行时间较长，排队长度长，无法充分发挥南北主干路快速疏解交通流的作用。

优化思路

选择运东大道-三兴路、运东大道-云梨路、运东大道-山湖西路三个路口组成的干线作为优化对象。

▶ 明确是否满足绿波协调的条件

考虑到运东路段具备绿波协调设计的条件：路段机非隔离和中央隔离设施完善，主路车辆通行干扰少；三个路口间距不大，车辆通行不易离散；三个路口都采用相同型号的信号机，都具备联网功能；路段上同向主流方向较为集中，故三个路口组成的干线适用于绿波协调控制。

▶ 确定优化时段

早晚高峰期间，交叉口交通流量较大，车辆一次绿灯无法通过交叉口会造成绿波协调效果较差，同时考虑到早晚高峰期间运东大道-山湖西路交叉口与其他两个交叉口周期相差较大，且无法适用半周期的绿波周期设计方法，故本次优化仅选择白天平峰时段，以提高平峰通行效率、减少停车次数为主要目标。

▶ 确定绿波协调的方向

由于平峰期间路段南向北总体车流量大于北向南的车流量，且排队长度较长，所以保障主协调方向（南往北）的最大绿波带宽，让车辆能够不停车通过下一个路口，故由南向北进行主相位协调控制。

▶ 采用单向动态绿波

常规的绿波协调方案为固定式方案，即设置完公共周期及相位差等参数之后，平峰就一直按此方案运行，适用于交通流变化不大的情况。根据流量的分析，南进口直行流量在平峰期间存在一定变化，为了确保方案设计的精细化，使得绿波协调在高流量情况下仍能保证较高的不停车率和通行效率，本方案采用单向动态绿波，根据流量变化区间实时选择不同的绿波协调方案，形成方案选择式的单向动态绿波。

优化措施

▶ 优化方案

选择运东大道-三兴路为关键路口，设定南进口直行为监测方向，选择白天平峰时段，干线协调方向以南向北为主的单向动态绿波。具体配时方案如表1所示，绿波时距图如图7~图9所示。

表 1 运东大道干线动态绿波方案选择配时参数表

序号	路口名称	周期/s	相位差	方向	相位配时/s					条件集合
					相位1 南北直行	相位2 南北左转	相位3 东西直行	相位4 东西左转	相位5 公交优先	南直行流量/(veh/h)
平峰1	运东大道-山湖西路	130(65)	0	南向北	24	22	19	/	/	0~500
	运东大道-云梨路		62		26	23	42	30	9	
	运东大道-三兴路		107		57	34	39	/	/	
平峰2	运东大道-山湖西路	140(70)	0	南向北	27	14	19	/	/	500~650
	运东大道-云梨路		62		32	23	42	34	9	
	运东大道-三兴路		107		58	39	43	/	/	
平峰3	运东大道-山湖西路	150(75)	0	南向北	32	24	19	/	/	650~2000
	运东大道-云梨路		62		36	23	43	39	9	
	运东大道-三兴路		107		63	44	43	/	/	

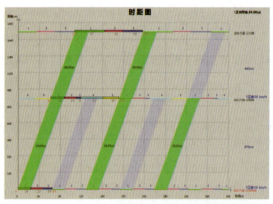

图 7 平峰 1（周期 130s）绿波时距图

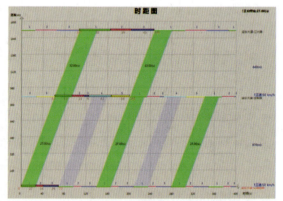

图 8 平峰 2（周期 140s）绿波时距图

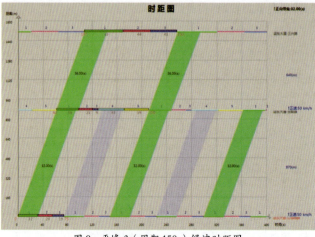

图 9 平峰 3（周期 150s）绿波时距图

> **方案运行**

　　干线动态绿波方案有 1 个基准方案，3 个条件集合，运东大道－三兴路交叉口南进口直行车流为关键路口的监测方向，分为 3 个集合：0~500pcu/h、500~650pcu/h、650~2000pcu/h，分别对应的选择方案周期为 130s、140s、150s。

图 10　方案选择设置界面

　　中心调度启用后，中心优化服务每 10min 对路口监测方向流量进行计算，选择对应条件集合下的方案并下发执行，达到动态调整干线绿波周期及相位的目的。系统每 10min 优化一次，若监测流量仍在同一区间内，则不改变方案。

　　方案运行的相关信息如图 11~ 图 14 所示。

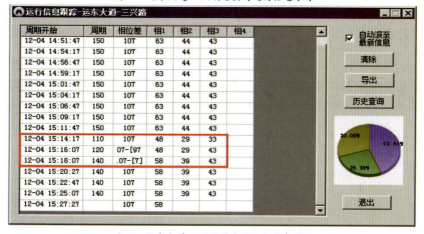

图 11　运东大道－山湖路实时运行信息跟踪

图 12　运东大道－三兴路实时运行信息跟踪

图 13　运东大道－云梨路实时运行信息跟踪

图 14　智能交通信号控制系统监视界面

实施效果

分别对运东大道干线采用的单点配时方案、干线动态协调控制前后的数据进行分析，选择优化前后周二上午 9:00 至下午 16:00 作为评估的前后对比时段，通过对实施前后的调查，采集了停车次数、行程速度、协调方向通过小时交通流量、交叉口总通过小时交通流量等指标参数，协调前后对比情况如表 2 所示。

表 2　干线运东大道平峰协调前后参数对比

	评估指标	改善前	改善后	提升百分比
南向北	停车次数	2	0	100%
	平均行程速度 /（km/h）	40.3	54.1	34.2%
	旅行时间 /s	143	105	26.6%
	协调方向通过量 /（veh/h）	987	1034	4.76%
	关键交叉口总通过量 /（veh/h）	2032	2204	8.46%

与单点配时方案相比，干线动态绿波协调（方案选择）控制方式下停车次数显著减少，主协调方向停车次数由 2 次减少为 0 次，平均车速提高了 34.2%，平峰时期协调方向小时通过量平均提升 4.76%，交叉口总通过交通流量提高 8.46%。各交叉口优化前后交通运行状况对比如图 15~图 17 所示。

a）优化前　　　　　　　　　　　　　　b）优化后

图 15　运东大道 – 三兴路交叉口优化前后对比

a）优化前　　　　　　　　　　　　　　b）优化后

图 16　运东大道 – 云梨路交叉口优化前后对比

a）优化前　　　　　　　　　　　　　　b）优化后

图 17　运东大道 – 山湖西路交叉口优化前后对比

下一步计划

运东大道等吴江区核心道路信号优化取得了阶段性成果，为了反映吴江区交通信号控制运行状况及发展动态、完善信号控制方案，公安部交通管理科学研究所联合吴江区公安局交通警察大队主编了《吴江城区道路交通信号运行分析报告》，如图18所示。该报告将持续每季度编制一期，在优化方案实施后，持续跟踪反馈，不断优化调整，形成信号优化的"最优解"，为道路交通相关部门的管理决策者、相关技术人员提供参考，促进道路交通协调发展。

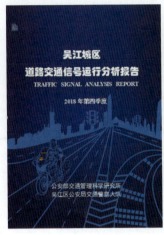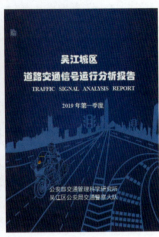

图18 《吴江城区道路交通信号运行分析报告》

案例总结

苏州市吴江区位于江苏省东南部，全区近年来随着城市规模的发展和机动车保有量的增加，核心区内早晚高峰流量集中、交叉口排队长度增长、拥堵距离和时长增加、平均行驶速度下降等问题突出。公安部交通管理科学研究所会同苏州市吴江区公安局交通警察大队积极探索，开展了以道路通行状态研判、信号运行诊断、配时方案优化设计、交叉口专题优化改善为一体的交通信号控制优化专项研究。研究团队综合运用单点实时优化、绿波联控、截流控制、短连线协调等多类信号控制优化方式，优化多个单点路口、干线及热点片区。优化方案实施后，片区内信号放行效率得到明显提升。

片区内的重点路段实施绿波控制应考虑：

1）在路段机非隔离和中央隔离设施完善、主路车辆通行干扰少、路口间距不大、车辆通行不易离散的情况下，可以实施干线绿波协调控制。

2）应根据路段总体车流的主流向或排队较长的方向，来确定绿波协调的方向。

3）针对路段主流向的流量随时间变化较大的情况，为确保配时方案设计的精细化，可采用单向动态绿波，保证干线主流向较高的不停车率和通行效率。

4）针对高峰与平峰期间干线流量的变化情况，合理选取配时时段划分，以提高通行效率为目标，设置不同信号优化方案。

停车管理

路边停车优化管理
热点片区停车管理
医院停车组织优化

路边停车优化管理

引言

城市交通性道路由于路侧交通吸引源众多,停车需求较大,但往往会面临停车位严重不足的问题,高峰期间车辆停放无序,会造成道路的通行拥堵,成为城市交通管理的难点。

案例中的杭州市凤起路具有较强的代表性。该道路为一块板道路,现状为双向两车道,未设置隔离设施,沿线有青少年活动中心、人民大会堂等单位,每周五晚上及双休日交通流交织严重、车辆停放无序,造成时段性交通拥堵。通过优化路段车道分布、设置机非隔离护栏、施划禁停标线、设置高清监控等交通组织措施,辅以科学合理的勤务管控机制、停车共享、广泛宣传等手段,实现了道路静态交通秩序的明显改善。

本案例从车道分布、隔离设施、监控措施、停车共享等方面实施优化管控,为城市道路路边停车优化管理提供了借鉴思路。

现状及问题分析

近年来,杭州青少年活动中心教育培训项目快速发展,参训学员与日俱增,但严重不足的停车位造成学员集中上放学期间周边路段交通拥堵,特别是凤起路(环城西路至保俶路路段)。该道路为一块板道路,全长580m左右,宽16m左右(全路段宽度不统一),现状为双向两车道,未设置隔离设施,沿线有青少年活动中心、人民大会堂等单位。每周五晚上及双休日交通流交织、车辆停放无序,造成时段性通行难和拥堵问题,成为市民关注的热点。

图1 道路区位

杭州市公安局交通警察支队开展全方面、多措施并举的路内停车管理,以提升静态交通秩序。

▶ 培训班上下课期间交通流量激增易形成拥堵

青少年活动中心双休日的培训班比较集中,各类培训班开课时间从8:00-20:30左右结束,共分成30个时段。据统计,周六学生(不含家长)人数分别为上午3900人、下午5830人、晚上3900人;周日上午3750人,下午5600人,晚上3700人。部分课程开课时间存在重叠,双休日9:30-10:00,11:00-12:00,14:00-15:00,16:30-17:00、18:30-20:30交通较为繁忙,容易在活动中心北门至大会堂南门段形成拥堵。

图2 优化前道路拥堵情况

▶ 车辆违法停放与行人横穿道路影响通行

青少年活动中心北门、人民大会堂南门约30m路段行人横穿流量大,接送学生的车辆在道路上临时停车上下客、长期驻留,易形成道路拥堵。违法停放的车辆占据非机动车道,造成非机动车需要借机动车道通行,存在较大的安全隐患。周边的停车资源包括地下和地面停车位:人民大会堂在周末可提供300个左右的地下停车位,地面停车位约350个。

优化思路

为消除这一交通拥堵点,有效改善省行政中心周边及近湖交通环境,改善设计思路如下:

1)针对路段东向西拥堵常态,调整路段车道数来增加通行能力。

2)严格管控路段沿线停车,隔离护栏等硬手段和监控抓拍等软手段结合。

3)科学合理地安排勤务机制,加强现场的管控。

4)禁止路内停车后,为了解决停车供需矛盾,需要与周边单位实行停车共享。

5)加强宣传力度,确保市民知情权,形成良好的回馈。

优化措施

遵循改善设计思路,实施全方位的优化措施,辅以勤务、宣传等手段。

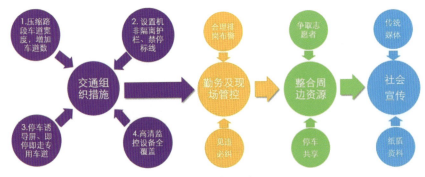

图 3 优化措施示意图

▶ 交通组织优化

凤起路(环城西路至保俶路路段)曾允许学员接送车单侧单排停放,针对该措施已无法适应当前交通管理的实际需求,支队秩序处修改完善了交通组织方案。主要包括以下措施:

1)将凤起路(大会堂南门至保俶路路段)由双向 2 车道,调整为双向 3 车道的交通组织模式,加快东向西机动车放行速度。

2)在全路段设置机非隔离设施 500m 左右,禁止机动车在主干道停放;重点部位及基地出入口施划黄色网状线 2 处;累计更新交通标线 700m² 左右。

图 4 调整车道分布、设置机非隔离护栏、施划黄色网状线

3）拆除临时停车 LED 屏 4 块，增设停车诱导等交通标牌设施 7 块，安装道钉 8 个，潮汐杆 20 余根，设置了 1 个接送车即停即走专用车道。

图 5　即停即走专用车道、潮汐杆

4）在凤起路省联谊中心门口、凤起路仁谐路口加装 2 组数字高清监控设备，并完成环城西路凤起路口、凤起路大会堂南门 2 组监控设备移位，实现了凤起路全路段视频监控全覆盖，使各类交通违法无所遁形。

图 6　高清监控设备

> **现场管控加强**

1）因情施策布警。针对双休日辖区交通堵点、热点较多，现行勤务模式无法满足凤起路优化措施管理的实际需求，北山中队将双休日每天路面出勤协勤员由原来的 9 人，增加至周六 16 人、周日 15 人。目前，在周一至周五夜间上课时段，中队安排不少于 1 名警力负责凤起路管控。周六、周日的集中培训时段，全天安排不少于 5 名警力现场管控，尤其上放学高峰时段，现场管理警力均不少于 3 人。

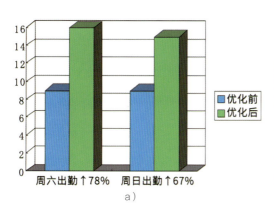

a)

b)

图 7　因情施策布警相关照片

c)　　　　　　　　　　　　　　　　　　d)

图 7　因情施策布警相关照片（续）

2）因人而异排岗。根据每一名警力的特长，安排具体工作岗位。如群众工作能力较突出的警力，安排在少年宫进出口等接送车违停最突出的部位，做到及时劝导、驱离；将指挥疏导能力较强的同志，安排其负责路段巡管，对交通结点进行疏导；将工作经验尚浅的警力，安排负责接送车临时停放专用道管理等单一任务。

3）因地制宜管控。依托全路段实现视频监控全覆盖的优势，对违停车辆一律采取监控非现场抓拍。同时，在车辆违停突出部位，提前部署拖车现场备勤，基本做到了见违必纠、见违必拖。此外，针对不少家长采取非机动车接送学员的实际情况，在凤起路保俶路口、环城西路口分别设置交通违法专项整治点，加强对非机动车违法载人、走机动车道、逆向行驶等五类重点违法行为的整治力度。

图 8　道路执法相关照片

▶ 周边单位联动

1）联动属地政府。北山中队对接属地北山街道，中队争取到了一定数量的平安巡防志愿者，由民警、协勤员加强业务指导，对道路沿线违法停放的机动车进行劝导管理。

2）联动青少年活动中心。中队联系该中心教委会通过短信、QQ群向参训学员家长发送关于实施凤起路交通组织优化管理措施的信息，并在各教室的信息公开栏发布交警部门管理措施信息，引导接送车至周边停车场停放。同时，在青少年活动中心各进出口醒目位置摆放交警部门《致青少年活动中心学员家长的一封信》宣传图板，并利用LED屏滚动提示凤起路管理新举措。

图9　联动青少年活动中心相关照片

3）联动省人民大会堂。争取到了大会堂除特别重大的政治活动外，仍提供地下车库近300个机动车停车位供学员家长使用。同时，双休日期间，开放环城西路大会堂东门进出口，并实施场内逆时针单循环交通组织，防止上放学时段，接送车集中排队进出，影响周边主干道通行。

图10　停车共享、单循环交通组织

▶ 周社会宣传跟进

在凤起路"升级"管控措施落地前，杭州交警在杭州电视台、杭州电台、杭州日报、杭州网等市内主流媒体上，做了广泛宣传报道，进一步提升社会知晓率与支持度。此外，依托现场管理警力与交管志愿者，累计发放《致青少年活动中心学员家长的一封信》纸质交通宣传资料1200余份，学校师生、学员家长等普遍为交警部门"升级"管控措施取得的成效点赞。

实施效果

自措施实施以来,北山中队在该路段累计查处交通违法 850 余起,拖曳违停车辆 40 余辆,违停查处量由之前的日均 40 余起,下降至日均发现、查处不足 10 起;信访投诉也较上年同期的 14 件明显下降,基本实现了"零投诉"。路段动静态交通秩序明显改善,治理工作取得了积极的成效。

图 11 凤起路优化后现状

案例总结

杭州市凤起路沿线设有青少年活动中心、人民大会堂等单位,每周五晚上及双休日交通流交织严重、车辆停放无序,造成时段性交通拥堵。杭州市公安局交通警察支队开展全方位、多措并举的路边停车管理,通过设置机非隔离护栏、设置即停即走专用车道、施划禁停标线、增加高清监控等措施,辅以科学合理的勤务管控机制、停车共享、广泛宣传等手段,缓解该路段停车问题。实施后,违停查处量有所下降,基本实现信访"零投诉",路段动静态交通秩序明显改善,治理工作取得了积极成效。

城市道路路边停车可从以下方面进行管理:

1)针对道路通行能力不足的问题,在空间富余的情况下,可通过压缩车道宽度来增加车道数,从而提高通行能力。

2)针对路边乱停车现象,应通过隔离护栏、监控抓拍、现场执法等软硬结合的方法来进行治理。

3)禁止路边停车之后,为了解决停车供需矛盾,可与周边单位实行停车共享。

4)应加大宣传力度,确保市民的知情权,形成良好的互动效应。

热点片区停车管理

引言

随着机动车保有量和电动自行车保有量大幅度增加，城市道路交通拥堵情况日益严重，学校、医院、大型交通枢纽以及大型商业中心片区的停车管理问题亟待解决。

本案例中的海口市金龙路友谊阳光城、火车东站停车上下客集中的两个热点片区，具有较强的代表性。案例一的商业中心附近交通秩序混乱，经常有车辆随意停靠上下客，缺乏相应的停车管控手段，严重影响了交叉口通行效率，通过车道"瘦身扩容"，合理划分车道功能，严控停车等手段，大大改善了违停乱象，提高了通行效率；案例二中的火车站附近交通拥堵严重、步行旅客存在安全隐患等问题，通过规划禁停区域、合理划分车道功能、设置隔离设施等手段，优化交通秩序，提高通行效率。

本案例从停车管控、车道功能划分、隔离设施设置等方面，为城市热点片区停车管理提供了借鉴思路。

【案例一】金龙路友谊阳光城

现状及问题分析

海口市金龙路友谊阳光城位于金龙路－龙华路交叉口范围内，金龙路东向西方向为3车道（每车道宽度为4m），车道较宽。由于阳光城是重要的交通吸引点，经常有车辆随意停靠上下客，有时车辆在中间车道甚至最内侧车道停车导致路段通行车辆阻滞，且缺乏相应的停车管控手段，长时间的停靠经常引发交通拥堵、交通秩序混乱，严重影响了交叉口的通行效率，经常引发市民的投诉。

图1 金龙路友谊阳光城改善前

优化思路

➤ **车道"瘦身扩容"**

既可增加车道数提升路段通行能力，缓解拥堵；也可减少因车道过宽造成的车辆并行、加塞现象，改善路段交通秩序。

➤ **合理划分车道功能**

明确允许停车和不允许停车的车道，将路边停车对通过交通流的影响降到最低，通过相应的标志、标线给驾驶人明确的提示信息。

➤ **严格停车管控**

重点控制车辆停靠时长，增设自动抓拍系统，加大执法力度。

优化措施

遵循改善设计思路，实施全方位的优化措施，辅以勤务、宣传等手段，完成优化方案。

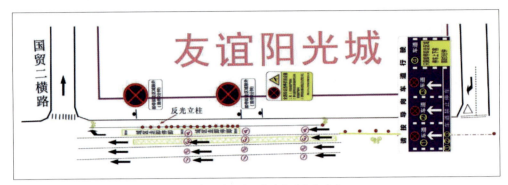

图 2　金龙路友谊阳光城交通优化方案

具体实施方案如下：

➤ 渠化调整

通过对金龙路北半幅（友谊阳光城段）机动车道进行渠化，调整为 4 条机动车道（每车道宽度为 3m）。

➤ 设置即停即走车道，超时停车抓拍

对最外侧车道（第 4 条机动车道）设置临时停车区域，机动车即停即走，地面顺着行车方向施划文字标记"即停即走区域"，横向施划文字标记"限停 3 分钟"，超时停车抓拍处罚，设置反光立柱防止机动车占用非机动车道停靠，保证非机动车通行路权。

图 3　最外侧即停即走车道的设置

➤ 次外侧车道禁停，违停抓拍

对第 3 条机动车道施划黄色禁停网格线，禁止车辆停车，确保车道的通过性功能，保证东往西方向的车辆正常通行。

同时，配套设置警告标志牌，临时停车区域外禁止停车，违停车辆将按"记三分罚一百元"进行处罚。

图 4　次外侧车道禁停网格线

➤ 设置车道功能提示牌

增加车道功能提示牌，以简洁的文字和数字序号来明确 4 个车道的功能划分，重点提醒驾驶人仅允许在第④车道临时停靠，①、②、③车道均禁止停车。

图 5　车道提示牌

实施效果

改造前,车辆随意停靠引发交通拥堵,交通秩序混乱;改造后,车辆利用临时停车区域停靠上下客,不仅保证了交通吸引点周边较大的停车需求,也保证了主路三车道的正常通行秩序,违停乱停现象大大减少,交通畅通,秩序良好。

图6 金龙路友谊阳光城改善后

【案例二】火车东站

现状及问题分析

火车东站是海口市重要的交通枢纽,交通地位重要,随着部分汽车站陆续搬迁至火车东站路段附近,乘车的旅客也大幅增加,造成该路段交通压力增大。

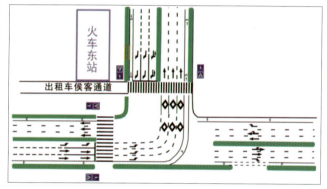

图7 火车东站改善前

主要问题:

➤ 出租车网约车长时间停靠造成拥堵

由于没有划分出租车专用的上下客通道,停车时长也无约束,造成出租车以及网约车长时间随意停在路侧候客,机动车、行人、非机动车大量交织在站前一纵路(丁村一横街)路段,从而导致火车站周边道路常态性拥堵情况时有发生。

➤ 交叉口车道功能无法满足需求

交叉口北进口改善前由于只有三车道,其中内侧车道为左转加掉头车道,由于外侧两条车道长时间受候客车辆占用,北往西方向右转的车辆会利用内侧车道通行,但内侧左转加掉头车道在有掉头车辆等候掉头时,就会造成交叉口北往西右转车流长时间拥堵在站前一纵路(丁村一横街)路段。

➤ 步行旅客安全存在隐患

旅客从接送车辆下车后,由于缺乏必要的过街设施和通道,就顺着护栏或机动车道行走,存在一定的安全隐患。

优化思路

▶ **规定禁停区域**

在出租车候客通道与站前一纵路（丁村一横街）进口道交汇处施划禁停区域，对该区域候客的出租车进行抓拍处罚，以保证进口道的畅通，减少各类交通流的交织。

▶ **合理划分车道功能**

1）路段车道"瘦身扩容"，明确社会车辆和出租车通道，划分出即停即走车道，将路边停车对通过交通流的影响降到最低。

2）为保证即停即走社会车辆下车旅客的安全，设置专用的人行通道，与火车站之间用行人过街横道相连接。

3）交叉口掉头车道单独设置，满足掉头需求，加快车流疏散。

▶ **其他配套措施**

1）完善隔离设施分隔交通流。

2）增加慢行交通等候空间，减少机非冲突。

优化措施

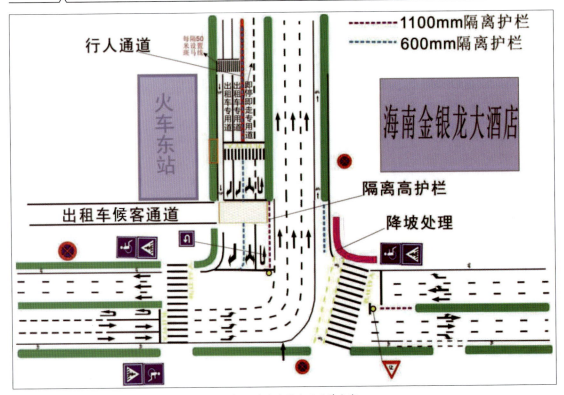

图 8　火车东站交通改善方案

▶ 增加黄色网格线

对停在网格线内候客的出租车进行抓拍处罚,避免了出租车、非机动车与行人过街的交织,减少拥堵节点。黄色网格线是禁止停车区域标线,在网格线内停车的将会被处于 100 元罚款的处罚。

图 9　黄色网格线规定禁停区域

▶ 通道调整

调整站前一纵路(丁村一横街)西半幅导向车道宽度,增设行人通道。由原来的机动车三车道 + 非机动车道调整为机动车四车道 + 非机动车道 + 行人通道,其中出租车候客通道 2 条、正常通行车道 1 条、即停即走车道 1 条、行人通道 1 条。通过对车道宽度和车道功能区划分的调整,有效确保了机动车、非机动车与行人各行其道,规范了道路通行秩序,保障了行人的安全。

图 10　各类专用通道的设置

为了衔接行人通道与火车站,在出租车候车通道每间隔 50m 处划设旅客过街通道,主要用于旅客下车进站,此通道禁止出租车停放,否则将会被抓拍处罚。旅客通道的设置,有效消除旅客因随机横穿过街存在的安全隐患,且避免了行人对其他车辆的正常通行造成影响。

▶ 停车线前移,设置掉头车道

将站前一纵路(丁村一横街)停车线前移调整至路口处,延长隔离设施,并设置专用掉头车道,减少对交叉口西进口右转车辆的影响,同时有效提高了车辆的掉头半径,便于车辆掉头。

图 11　专用掉头车道的设置

▶ 其他措施

1)增设护栏。在站前一纵路(丁村一横街)的人行通道处增设交通护栏,对该交叉口的出租车与行人进行分离,一是防止下车旅客随意过街,引导旅客沿着人行通道及过街通道进入车站;二是减少行人过街对于机动车流的影响。

图 12　人行通道旁护栏的设置

2）降坡处理。对站前一纵路（丁村一横街）与站前路交叉口东北侧的人行道路缘石进行降坡处理。拓宽了行人、非机动车过街等待区，避免因行人、非机动车过街流量大时，影响右转弯车辆的正常通行。

图 13　人行道路缘石降坡处理

实施效果

改造前，车辆随意停靠，部分车辆停放道路中间车道上下客，出租车频繁变道进入出租车通道，经常引发交通拥堵、秩序混乱。

图 14　改造前火车东站实景

改造后，车辆随意停放现象消失，出租车和社会车辆分道行驶，通过性车流与临时停靠车流分道行驶，行人不再随意穿越马路，交通秩序良好，进出车站的车流得以快速疏解。

图 15　改造后火车东站实景

案例总结

海口市商业中心和火车站两个热点片区，由于车流较大，停车需求难以满足，导致乱停车现象严重，交通秩序混乱，严重影响了片区道路通行效率，成为城市交通的堵点和乱点。海口市交警通过施划即停即走车道、禁停网格线、设置相应配套的引导及警告标志牌，规范停车上下客的车辆和通过车辆，能够各行其道，同时利用自动抓拍设备对超时停车、违规占用通行车道、停放在网格线上的车辆进行抓拍并处罚。实施之后，车辆随意停放现象消失，交通秩序良好，而且通行效率也大大提高。

商圈、交通枢纽等城市热点片区停车乱象可通过以下措施进行管理：

1）针对因车道过宽造成的车辆并行加塞现象，可通过压缩车道宽度增加车道数来解决，同时也可提升路段通行能力。

2）明确允许停车和不允许停车的车道，将路边停车对通过交通流量的影响降到最低。

3）针对乱停乱放现象，应施划禁停区域，增设自动抓拍系统，加大执法力度，保证通道的畅通。

4）完善隔离设施以分隔交通流量，增加慢行交通等候空间，减少机非冲突。

医院停车组织优化

引言

城市中的医院由于就诊量大，高峰期就诊私家车与职工车辆排队进入医院停车场，部分医院内部车流交织严重，停车位数量少，短时间内停车资源被大量占用，入口排队车辆逐渐增多，与通过性车流相互交织，未能进入医院的患者家属将车辆随意停靠，进一步加剧了拥堵，同时出租车、网约车在路边无序的上下客对道路交通秩序造成较大干扰，医院内部及周边停车组织往往成为城市交通管理的难点问题。

案例中的西安市儿童医院具有较强的代表性。该医院地处老城区，周边道路狭窄，停车资源有限，就医车辆乱停乱放常常造成拥堵，影响居民出行。停车难、停车乱、交通堵、事故多，成为该区域的重点交通问题。针对这些问题，西安交警从优化交通组织形式、挖掘停车资源、提升停车位使用效率等方面对片区交通开展全面优化管控。

本案例从微循环设计、隔离设置、停车资源挖掘等方面为市区医院停车组织优化设计提供了借鉴思路。

现状及问题分析

西安市儿童医院坐落于古城安定门内，紧临城区主干路、旅游景区和居民密集区。医院前身是1939年创建于革命圣地延安的中央医院。

图1 西安市儿童医院位置

西安市儿童医院是陕西唯一一所集医疗、教学、科研、预防、保健、康复于一体的三级甲等综合性儿童专科医院，是西北五省最权威的儿科医院。2018年全年门诊量达到238万人次，每日人流量为23000人次，日就诊车辆达到2000余辆。

长期以来，医院周边大量的停车需求与停车资源匮乏之间的矛盾十分突出：医院地处老城区，周边北马道巷、西举院巷等街巷道路狭窄，周边停车资源有限；就医车辆乱停乱放常常造成拥堵，影响居民出行；周边小区居民停车需求也很强烈。停车难、停车乱、交通堵、事故多成为了事关民生的重要问题。

图 2　老城区道路狭窄

图 3　停车需求增加、资源不足

图 4　交通事故多发

优化思路

▶ 优化交通组织

针对部分资源有限的道路实施限时单行措施，避免双向通行车辆互相挤占通行空间，打通医院周边交通微循环，加快车流的疏散；针对就诊车辆和通过性车流的相互干扰，设置专用通道分隔交通流；开通绿色救援通道保障快速救治。

▶ 挖掘停车资源

挖掘医院内空间，增设停车位，腾出员工停车位给就医车辆使用；与周边小区及单位停车共享。

▶ 加强停车诱导

多媒体结合实时推送停车位信息，预约挂号与预约停车位同步，优化网约车、出租车停车方式。

▶ 提升公共交通服务水平

配合在建地铁线路，增设公交线路，倡导绿色出行，降低小汽车出行比例。

▶ 严管违法停车

违停数据采集与路面停车引导同步，保证车辆在指定区域停放，维持路面秩序。

优化措施

▶ 优化交通组织

1) 医院周边道路微循环。对医院周边道路实施微循环交通管理措施：利用儿童医院门前道路，组织单行，实行绕行模式，即在医院门前的西举院巷、北马道巷、西大街形成一个小的循环区域。具体措施是：对北马道巷实行限时单行措施，每天 8:30-12:30 由南向北单向通行，由北向南禁止通行；对西举院巷西段（北马道巷至医院南门段）实行由西向东方向单行管理；对西举院巷南段（医院南门至西大街段）实行由北向南方向单行管理；对西举院巷东段（医院南门至贡院门段）保持双向单车道管理。

 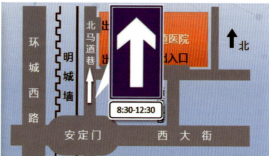

图 5　北马道巷限时单行措施

 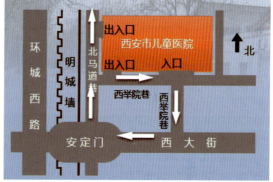

图 6　医院周边道路微循环

2) 过往车辆、候诊车辆分道管理。利用警示桩、临时护栏等设施隔离出过往车辆、候诊车辆的通道，使得两股交通流各行其道，即保证候诊车辆快速进入医院，又使得通过性交通受干扰程度降到最低，提升通行效率。

图 7　车辆分道管理措施

3）对急症患者开辟绿色救援通道。交警、医院建立急救绿色通道联动机制，联动信息，互通警情，在医院南门开辟专门急救通道，医院或122指挥中心接到患者求助后，启动绿色救助通道：由122指挥中心规划最快捷路线，调派警力沿途保障，必要时启用信号绿波带，由警车开道送医，医院提前做好急救准备，让患者尽快接受救治。

➤ 停车资源整合

1）挖掘院内空间增设车位。院内道路打造单行路，实现院内微循环（红色流线为医院西门驶入，绿色流线为医院西门驶离）；利用单行路空间优化停车方向、停车顺序，增加180个停车位；过去医护及管理人员停车位约300多个，现在主动腾挪出240个停车位给就医车辆使用。

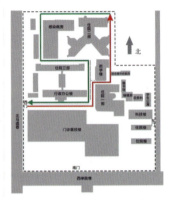

图8　院内交通微循环流线

图9　优化停车方向，优化停车顺序

2）周边停车共享。医院及公共停车场停车位白天不足、夜间空闲；而周边小区停车场车位白天空闲、夜间不足，为了缓解这一矛盾，交警、医院、社区三方召开会议，制订《西安市儿童医院职工停车管理办法》，鼓励职工在周边社区租赁停车位；交警指导医院，落实门前"三包"，高峰时段实行"交警+N"（医院保安、文明劝导员、停车场管理人员、联防人员）机制，对就医车辆进行有效引导。

图10　儿童医院周边停车共享

➤ 智慧停车诱导

1）周边道路车位信息推送。通过各种媒介（大数据平台、停车诱导系统、广播电台、微信、微博）实时发布医院周边交通状况和停车位，进一步扩大群众知晓度。

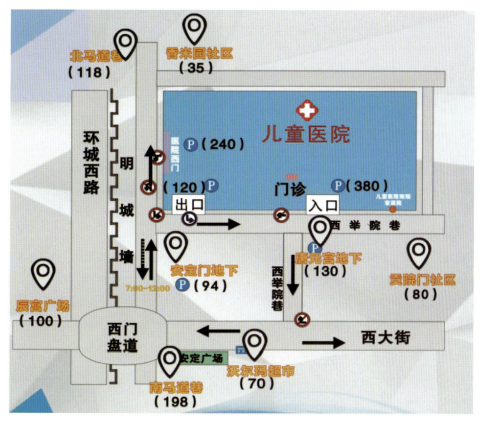

图 11　医院周边停车引导图

2）预约挂号与预约车位同步。目前，群众通过医院官网、微信公众号预约挂号的同时，可以通过电话联系医院停车场管理员预约停车位；下一步，将在网上预约挂号的同时，直接对医院停车场信息进行同步，在预约挂号的同时预约停车位。使就诊车辆按照预约时间将车辆停放在停车场，提高停车效率。

图 12　预约挂号与预约停车位

3）优化网约车、出租车停车方式。与网约车、出租车企业探讨合作机制，为其开辟专门停车落客区域，即停即走；候诊车辆可以通过 APP 预约，使用 e 代驾提供停车服务，少花时间停车，多留时间看病。

图 13　网约车出租车停靠点

➢ 倡导绿色出行

大力倡导绿色出行，在建的地铁六号线距医院仅 100m，医院附近设有 4 处公交站点、23 条公交线路。

图 14　倡导绿色公共交通出行

➢ 违停数据采集与路面引导同步

利用电子卡口调取车辆信息，通过交警微平台和短信平台向车主推送车辆违停信息，并将医院周边停车场信息和停车位信息一并推送，提醒车主寻找合理位置停放；针对车辆违停较多、屡禁不止的情况，对长时间违停的车辆依法处罚。

图 15　停车信息及违停信息推送

实施效果

➢ 交通拥堵情况明显改善

通行效率提升 20%，医院进场平均时间缩短 12 分钟，报堵次数下降 60%，医院周边交通拥堵指数下降 30%，等候入院车辆排队大大缩短。

 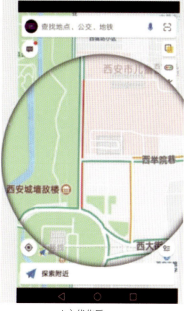

a）优化前　　　　　　　　　b）优化后

图 16　医院周边优化前后路段对比

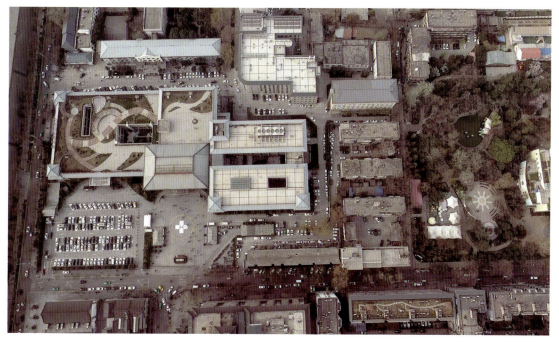

图 17　优化后道路现状

▶ 停车供需矛盾大幅缓解

停车位供给大幅增加,内腾外合,赢得各方满意:就医车辆不再排队;医院停车收入充足;社区停车收入增加。

图 18　停车资源得到有效整合

▶ 交通安全状况得到提升

2018 年一季度,儿童医院周边道路发生交通事故 20 起,经过对周边交通组织的不断优化,2019 年一季度,儿童医院周边道路交通事故减少到 13 起,下降 35%。

案例总结

西安市儿童医院是山西省三级甲等综合性儿童专科医院,就诊量大,停车供需矛盾突出,周边道路交通拥堵问题严重。西安交警通过单行路打造微循环、分隔就诊车辆与通过性车辆、开通绿色通道等交通组织方式,车位腾挪置换、停车共享等停车资源挖掘手段,配合信息推送、预约车位、网约车出租车专用停车区域设置、公交优化、严管违法停车等措施开展全面优化管控。优化管控措施实施后,医院周边道路拥堵大大缓解,车位供给翻倍,交通安全状况也得到了较大的改善。

医院内部及周边停车问题改善与交通组织协同优化应重点考虑:

1)针对医院周边道路就诊车辆和通过性车流相互干扰的问题,可设置专用隔离通道分隔交通流,并对部分空间资源有限的道路实施单行,打造交通微循环,加快车流的疏散。

2)针对停车位稀缺的问题,挖掘医院内部空间增设停车位,并腾出员工停车位给就医车辆使用,或与周边小区单位实行停车共享,缓解停车供给矛盾。

3)可通过多媒体实时推送停车位信息,预约挂号与预约停车位同步的方法,用智能化的手段来调配停车需求。

4)配合在建地铁线路、公交线路,鼓励就医人员充分利用公共交通出行,降低小汽车出行比例。

后　记 POSTSCRIPT

公安部交通管理科学研究所长期从事道路交通组织管理优化工作，具备了一定的理论研究基础与实践应用经验。同时，在与基层交警的沟通交流过程中，深刻地感受到一线交警对交通精细化管理技术的迫切需求，但是能够系统、专业地去了解交通组织精细化管理技术及其应用的途径较少。于是，产生了发挥科研院所的平台优势、汇总优秀案例供各地交流的想法。2016年，在公安部交通管理局的指导下，以及基层交警、科研院所、咨询设计单位的支持配合下，搭建了"城市道路交通精细管理资源共享平台"，以案例的形式深化、创新、推广城市交通精细管理技术，开放共享交通管理行业动态、标准规范、设计成果。从2018年开始，持续编制《城市道路交通精细管理案例精选》季刊，并已经发布8期。此外，还积极通过我所微信公众号、《道路交通科学技术》期刊等途径推广优秀案例。

三年多来，案例选编工作对公安部交通管理局中心工作起到一定的技术支撑，也得到一线交警的广泛好评。但是从各地反馈的情况来看，目前只是对案例进行汇总，存在"散、小、细"等特点，从理论技术角度的提炼分析不足，借鉴指导作用有限。为满足基层交警的需求，发挥案例更强的指导作用，现对三年多来汇总的案例，从路口交通组织、路段交通组织、重点片区交通组织、信号优化、停车管理等方面，重新进行了梳理整合，精选了普适性强的案例。在原案例分析问题、介绍措施的基础上，进一步剖析案例特点、凝练优化思路、总结经验做法，汇成此书，希望让基层交警不仅"知其然"，更能"知其所以然"，对本地类似问题的解决有所启示。

随着城市公安交通管理精细化工作的深入推进，各地将会呈现出更多的优秀案例，公安部交通管理科学研究所会一如既往地结合公安部交通管理局中心工作，做好案例的汇编、推广，供各地交流借鉴。

本书在编写过程中，得到了广东振业优控科技股份有限公司的陈宁宁、林科、洪波、修甜甜等人的帮助和支持，在此表示衷心的感谢！

编写组
2020 年 5 月